_____ 님의 소중한 미래를 위해
이 책을 드립니다.

우리 아이를 위한
자존감 수업

우리 아이를 위한
자존감 수업

아이의 자존감을 키우는 부모의 대화법

임영주 지음

초록북스

초록북스

우리는 책이 독자를 위한 것임을 잊지 않는다.
우리는 독자의 꿈을 사랑하고,
그 꿈이 실현될 수 있는 도구를 세상에 내놓는다.

우리 아이를 위한 자존감 수업

개정 1쇄 발행 2025년 1월 5일 | **지은이** 임영주
펴낸곳 (주)원앤원콘텐츠그룹 | **펴낸이** 강현규·정영훈
등록번호 제301-2006-001호 | **등록일자** 2013년 5월 24일
주소 04607 서울시 중구 다산로 139 랜더스빌딩 5층 | **전화** (02)2234-7117
팩스 (02)2234-1086 | **홈페이지** matebooks.co.kr | **이메일** khg0109@hanmail.net
값 18,000원 | ISBN 979-11-6002-085-4 03370

아이의 성장에 가장 중요한 영향을 미치는 것은
유전자가 아니라 부모의 행동이다.

• 로렌스 스타인버그(미국의 심리학 교수) •

아이의 자존감,
부모와의 대화로 쑥쑥 자랍니다!

5월의 신록이 아름다웠던 어느 날, 공원에서 산책하는 엄마와 아들의 모습을 보았습니다. 모자의 정다운 모습에 보는 저도 덩달아 행복해졌습니다. 이때 아들이 말하는 소리가 들렸습니다.

"엄마, 내 친구 정민이 걔는 진짜 치사한 거 있지."

손을 잡고 있던 엄마가 갑자기 아들의 손을 '탁' 놓으며 말합니다.

"너 치사하다는 말 쓰지 말랬지. 왜 자꾸 그런 나쁜 말 써. 엄마가 좋은 말만 써야 한다고 했잖아."

엄마의 반응에 아이는 무안했는지 아무 말 없이 걸음을 재촉합니다. 뒤따라 걷던 엄마가 아이를 향해 소리칩니다.

"같이 가야지. 그쪽으로 가면 스파게티 집이 안 나오잖아. 너 스파게티 안 먹을 거야?"

엄마와 아들은 저녁식사를 하기 위해 공원을 지나던 길이었고,

두 사람은 정답게 손을 잡고 걸으며 행복한 시간을 공유했던 것인데, 불과 몇십 초 만에 이 분위기가 사라졌습니다. 엄마가 화를 낸 것도, 혼을 낸 것도, 꾸짖은 것도 아니었는데 아이는 이 모두를 경험한 것처럼 행동했습니다.

엄마와 아들의 뒷이야기는 모르지만 분명해진 게 있습니다. 아이들은 사랑하는 부모에게 쉽게 삐친다는 것이지요. 삐친다는 말로 아이스럽게 표현한 것은 '상처받는다'라는 말을 조심스럽게 사용하고 싶어서입니다. 사실 아이들은 부모에게 가장 큰 상처를 받습니다. 그것도 아주 아무것도 아닌, 부모의 '별말 아닌 말' 때문에 말이지요. 부모를 너무나 믿고 사랑하기 때문입니다. 아이의 자존감은 사랑하는 사람에 의해 가장 크게 영향을 받습니다.

이 책을 쓰면서 '지푸라기 하나가 낙타 등을 부러뜨린다'라는 속담이 떠올랐습니다. 내 아이 자존감의 허리를 툭 부러뜨리는 게 알고 보면 무심하게 내뱉은 부모의 말 한마디 때문일 것이라는 생각은 책을 쓰면서 더 확고해졌습니다. 반대로 내 아이의 자존감을 올리는 것 또한 부모의 사소한 말 한마디가 아닐까요? 중요한 것은 아이의 '타고난 자존감'을 지켜주는 것이야말로 아이의 자존감을 키워주는 핵심이라는 점입니다. 부모의 말과 태도, 눈길과 손길, 이 모두가 내 아이의 자존감을 키우지요. 아이의 자존감을 키우는 부모의 역할이 거창한 것 같지만 아이의 말을 들어주고, 아이의 마음을 알아주고, 아이에게 물어보고, 아이의 말에 공감하고 반응하는 것이면 충분합니다. 안아주고 눈 맞추며 사랑해주고,

아이의 입에서 나오는 모든 말을 소중하게 여겨주세요.

그렇다고 부모의 감정이나 욕구를 모두 양보하라는 건 아닙니다. 아이와 절충해서 방법을 찾는 것도 부모와 아이의 자존감을 키워줍니다. 아무리 부모라지만 늘 이해하고 기다리고 참을 수는 없습니다. 그래도 부모는 감정을 조절해 덜 화내면서 자신의 의사를 정확히 전달해야 합니다. 부모가 덜 화내면 아이도 문제행동을 줄일 수밖에 없습니다. 아이는 부모의 감정선을 따라가기 때문이지요. 아이는 저마다의 기질과 성격이 있으므로 아이에게 맞는 대화법을 잘 응용해서 자존감을 키워주세요. 특히 까다롭고 말썽이 잦아 부모로부터 잔소리를 들을 수밖에 없는 아이라면 더 많은 사랑이 필요합니다. 손독, 눈독, 침독, 말독이라는 '독기'를 빼고 아이에게 온전한 '온기'를 전하는 방법을 이 책을 통해 확인하시기 바랍니다.

이 책은 수많은 사례와 관찰로 구성된 '우리 아이 자존감 높이기' 처방전입니다. 하지만 처방전과 함께 부모님의 지극한 정성과 노력에도 아이가 바로 변화되지 않을 수도 있습니다. 이때야말로 부모가 포기하지 않고 스스로를 위로할 때입니다. "조금이라도 효과가 있네"라면 좋겠고, "훨씬 나아졌어" 한다면 더 좋겠습니다.

부모효능감과 가치감을 높이는 "이만하면 좋은 부모야", 부모의 감정조절력을 다지는 "부모부터 먼저 감정을 소중히 여길게", 가정에 대해 스스로 자부하는 "우리 가정은 편안하고 행복한 공간이야" 등 부모를 다독이는 이런 일련의 과정을 거치면 부모의 자존감이 올라갑니다. 부모의 자존감이 건강해지면 아이의 자존감도 쑥쑥 자라겠지요.

부모가 위대하다고 표현하는 이유는 완벽해서가 아니라 수많은 상황을 맞닥뜨리면서도 '그럼에도 불구하고' 최선을 다하기 때문입니다. 그리고 아무리 훌륭한 육아비법도 '진심'이 없으면 아이에게 닿지 않는다는 사실을 잊지 말아야 합니다. 가짜는 아이가 먼저 알거든요. 그냥 하는 것과 간절함으로 하는 건 다릅니다. 육아가 비장할 것까지는 없지만 최소한의 '간절함'은 있어야 해요.

'소망'의 우리말은 '바람'입니다. 언어유희를 좋아하는 아이들과 오래도록 함께하고, 문학을 사랑하는 한 사람으로서 '바람'이라는 말을 중의적으로 써봅니다.

"이 책이 아이와 부모의 자존감을 높이는 '바람'을 일으켰으면 하는 '바람'입니다."

이 책을 읽고 "엄마, 내 친구 정민이 걔는 진짜 치사한 거 있지"라는 아이의 말에 어떻게 반응을 해야 하는지, 이 말을 한 아이의 마음은 어떤 것이었는지, 부모에게 어떤 말을 기대했는지 제대로 알아차릴 수 있게 되기를 바랍니다. 그러면 부모와 아이가 행복한 대화를 나눌 수 있을 것이라 믿습니다. 부모와 아이의 자존감이 건강하게 높아지기를 소망합니다.

임영주

| 차례 |

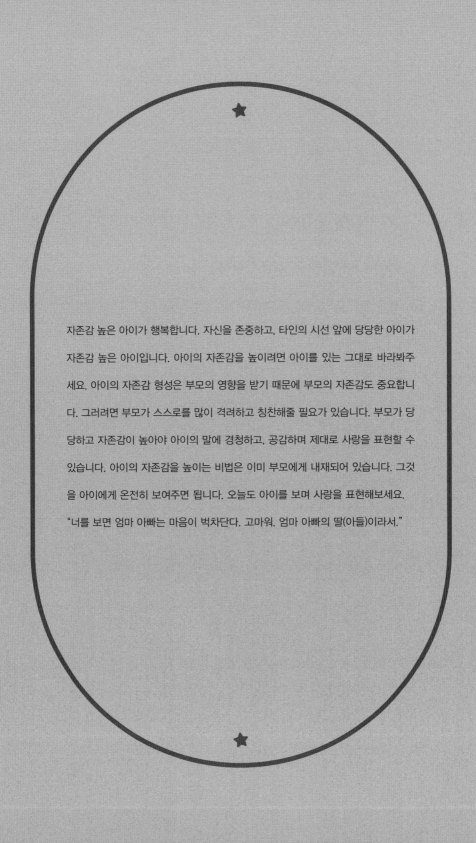

자존감 높은 아이가 행복합니다. 자신을 존중하고, 타인의 시선 앞에 당당한 아이가

자존감 높은 아이입니다. 아이의 자존감을 높이려면 아이를 있는 그대로 바라봐주

세요. 아이의 자존감 형성은 부모의 영향을 받기 때문에 부모의 자존감도 중요합니

다. 그러려면 부모가 스스로를 많이 격려하고 칭찬해줄 필요가 있습니다. 부모가 당

당하고 자존감이 높아야 아이의 말에 경청하고, 공감하며 제대로 사랑을 표현할 수

있습니다. 아이의 자존감을 높이는 비법은 이미 부모에게 내재되어 있습니다. 그것

을 아이에게 온전히 보여주면 됩니다. 오늘도 아이를 보며 사랑을 표현해보세요.

"너를 보면 엄마 아빠는 마음이 벅차단다. 고마워. 엄마 아빠의 딸(아들)이라서."

· 1장 ·

자존감 높은 아이가
행복하다

자존감이 아이의 인생을 바꾼다

아이의 자존감을 위해 부모가 해야 할 중요한 과업은
아이가 이미 가진 자존감을 북돋워주는 것이다.

하버드대학교 면접관은 무엇을 중요하게 보는가?

- 사람 됨됨이가 바르고 인정이 있는가?
- 타인과 조화하며 조직에 융화할 수 있는가?
- 남을 배려하고 어려운 이를 도울 줄 아는가?
- 실패하거나 좌절했을 때 극복할 수 있는가?
- 지인들로부터 어떤 신뢰를 받고 있는가?
- 창의성과 리더십, 유머와 센스를 가지고 있는가?
- 새로운 도전 상황에서 어떻게 대처하는가?

자료: 조우석 전 하버드대학교 케네디스쿨 입학사정위원

'하버드대학교 면접관은 무엇을 중요하게 보는가?'라는 기사 내용이다. 7가지 항목을 조목조목 들여다보며 내린 결론은 자존감의 중요성이다. 하버드대학교 면접관은 '자존감 있는 학생'을 선발하는 것이다. 하버드생을 선발하는 기준은 이 책에서 이야기할 우리 아이 자존감 키우기를 함축해놓은 듯하다. 하버드대학교의 입학 요건으로 자존감이 가장 중요한 자질임을 확인하는 순간, 이른 아침부터 신문의 지면에서 눈을 떼지 못했다.

왜 우리 아이의
자존감이 중요한가?

'왜 우리 아이의 자존감이 중요한가?'를 이야기하면서 굳이 하버드대학교의 면접항목을 인용한 이유는 명실공히 세계 최고의 대학도 결국은 아이의 '자존감'을 중요하게 본다는 사실이 반가워서였고, 아이의 자존감이 양육의 목표가 되어야 한다는 확신이 들어서였다. 아이의 공부도, 인성도, 창의성도, 리더십도 결국 모두 자존감과 직결된다는 것을 이 책을 읽는 동안 깊이 공감할 수밖에 없을 것이다.

자존감이 아이의 인생에 얼마나 큰 영향을 미치는지에 대한 설명은 더 말할 필요가 없을 정도다. 하지만 세계 최고 대학의 입학 요건으로 자존감이 얼마나 큰 영향을 미치는지 확인하는 것은 의미가 있다. 이제 대학은 물론 인생의 행복과 성공이 '학교 성적'으로만 한정되지 않는 것이다. 마침 손꼽히는 일류 기업의 취업에서도 자존감이 얼마나 중요하게 작용하는지 또 하나의 기사를 접해 반가운 마음으로 소개해본다. 자존감은 꿈에 그리는 직장 가운데 하나인 '구글'에서도 중요한 입사 요건이다.

구글이 신입사원 채용 시
중시하는 5가지

〈뉴욕타임스〉에 실린 '구글에 취업하려면'이라는 제목의 칼럼을 살펴보면, 구글이 중시하는 5가지 능력은 중요도에 따라 '학습능력' '리더십과 팔로어십' '지적 겸손' '책임감' '전문지식' 순이다. "학습능력이 1순위네. 그럼 그렇지" 하는 부모를 위해, 여기서 말하는 학습능력은 IQ가 아니라 '필요한 정보를 한데 모으고 새로운 것을 배우려는 능력'이라는 부연설명을 덧붙인다.

이 또한 하버드대학교의 입학 요건과 마찬가지로 우리 책 곳곳에서 상세하게 다룰 '자존감 키우기'의 요소들이다. '왜 우리 아이의 자존감이 중요한가?'에 대한 또 다른 현답을 인용하면서 다시 확신하게 되었다. 대학입시뿐만 아니라 취업 또한 자존감이 답이다. 우리 부모들이 아이에게 정성과 물질로 헌신하는 이유 중에는 내 아이가 좋은 대학 혹은 좋은 직장에 다녔으면 하는 바람이 분명히 들어 있다. 그 바람이 현실로 이루어지려면 내 아이의 자존감을 키워야 한다.

그럼 이제 국내로 눈을 돌려 국내기업 채용에서는 무엇을 중시하는지 살펴보자. 한국직업능력개발원에서 몇 년 전 500대 기업 인사담당자를 설문조사한 '국내기업은 채용 때 무엇을 중시하는가?'의 결과는 다음과 같다.

'도덕성과 인성(23.5%)' '팀워크(13.6%)' '문제해결능력(13.6%)' '인내력(13.3%)' '의사소통능력(10.4%)' '도전정신과 열정(10.3%)' '직무에 대한 이해(9.1%)' '직무 관련 기초 지식(6.2%)' 순이다.

별다른 부연설명이 필요 없이 모두 자존감이란 토대 위에서 형성될 수 있는 것들이다.

자존감이란
무엇인가

자존감이 무엇인지를 알게 되면 지금까지 살펴본 모든 것들이 왜 '자존감'이라는 기초 위에 가능하다고 하는 것인지 명료해진다.

"자아존중감(自我尊重感, self-esteem)이라고도 하는 자존감은 자신이 사랑받을 만한 가치가 있는 소중한 존재이고, 어떤 성과를 이루어낼 만한 유능한 사람이라고 믿는 마음이다. 자아존중감이 있는 사람은 정체성을 제대로 확립할 수 있고, 정체성이 제대로 확립된 사람은 자아존중감을 가질 수 있다."

이 사전적 의미만으로도 지금까지 보여준 사례들의 설명이 충분히 가능하다. 자신을 소중한 존재라고 스스로를 믿는 사람은 도덕적으로 위해한 일을 하지 않는다. 자신이 소중한 존재이기 때문에 스스로의 인성을 가꾸는 일에도 소홀할 수 없다. 자신이 성과를 이룰 수 있는 유능한 사람이라고 믿는 사람은 새로운 것을 배우려는 도전정신을 가지고 매사에 열정적으로 임하며, 문제에 부딪치면 주저앉고 피하기보다 해결점을 찾는다. 세상은 홀로 고립되어 살 수 없음을 깨닫고 팀워크는 물론 리더십과 팔로어십의 중요성을 인식하고 실천한다. 확립된 정체성으로 자신과 타인을 존중하므로 신뢰를 받으며, 실패와 좌절의 상황에서도 '회복탄력성'을 발휘해 새롭게 도전하고 대처한다.

자존감이 얼마나 중요한지 더이상의 방증이 필요할까? 물론 지금 보여준 이런 가시적인 결과물이 아니더라도 우리 부모는 충분히 아이의 자존감에 대한 중요성을 알고 있다. 가끔 자신감과 자존심, 자존감을 혼용해 사용하고 있었을지라도 아이에게 자존감이 얼마나 중요한지 알고 있다. 그래서 아이의 자존감을 키우기 위해 '기죽이지 않으려고' 부단히도 참으며 노력해왔다.

부모가 아이에게 정성과 물질로 헌신하는 이유가 좋은 대학 혹은 좋은 직장을 갖는 것이 궁극의 목표는 아닐 것이다. 우리 부모들이 바라는 궁극의 목적은 다행스럽게도 아이의 행복한 삶이다. 그리고 '아이 행복'의 중심에 '자존감'이 오롯이 놓여 있다.

아이의 행복을 위해 부모가 해야 할 중요한 과업은 아이가 이미 가진 자존감을 북돋워주는 것이다. 아이에 대한 기대치를 조금만 낮추어도 최소한 아이가 현재 가진 자존감을 끌어내리지 않게 된다. 아이의 자존감만 북돋울 게 아니라 부모의 자존감도 회복시켜야 한다. 아이의 자존감은 부모의 자존감의 영향을 받기 때문이다. 기억하자. 자존감이 아이의 인생을 바꾼다. 자존감이 부모와 아이의 인생을 행복하게 한다.

아이의 자존감은 부모와의 관계에서부터 시작된다

부모와의 긍정적인 관계를 통해 아이의 자존감이 튼튼해진다.
'난 괜찮은 아이야' '소중한 존재야'라고 느끼게 하자.

부모의 10가지 자존감 진단표

1. 나는 아이가 말을 안 들으면 화부터 난다.

2. 나는 아이가 마음에 안 드는 대답을 하면 말대꾸를 한다고 느껴진다.

3. 나는 아이의 부정적인 감정을 대할 때 아이보다 더 부정적이게 된다.

4. 나는 아이가 자신감이 없거나 위축된 모습을 보일 때 다그치는 편이다.

5. 나는 아이에게 애정표현(말과 스킨십 등)이 부족한 편이다.

6. 나는 어떤 말이든 아이의 말에 끝까지 경청하고 반응한다.

7. 나는 아이에게 상처를 잘 받는다.

8. 나는 아이가 잘하는 일을 잘 찾아 칭찬해준다.

9. 나는 아이를 믿고 기다려주는 편이다.

10. 나는 아이와 잘 맞는다고 생각한다.

이 진단표는 몇 개 이상이면 자존감이 높고 몇 개 이하면 낮다는 것을 확인하기 위한 것이 아니다. 각 항목마다 부모 스스로를 체크하는 데 유용하다. 아이에게 상처를 잘 받는다면 어느 부분에서(아이가 말대꾸를 할 때, 말을 잘 듣지 않을 때 등) 상처를 받는지, 또 그럴 때 부모 자신이 어떻게 대응하고 풀어나가는지를 확인하는 것이다. 이 10가지 항목을 참조해서 또 다른 다양한 항목을 만들어 체크해보면 부모의 양육 태도를 돌아보고 아이의 자존감을 높이는 데 도움이 될 것이다.

부모의 자존감,
아이의 자존감

다른 사람이 자신을 어떻게 보는지에 흔들리지 않고, 눈치 보지 않으며, 자신을 있는 그대로 받아들이고 사랑하게 되어 아이의 인생을 행복하게 해준다는 자존감. 그렇기에 부모로서는 아이의 자존감을 높이기 위해 전력을 다한다. 하지만 아이의 자존감을 높이기 위해 선행될 것이 있다. 바로 부모 자신의 자존감 높이기다. 어떻게 하면 부모의 자존감을 높일 수 있을까? 앞서 제시한 부모로서의 자존감 진단표를 활용해 '매우 그렇다' '그렇다' '그렇지 않다' 등으로 체크해보자. 이렇게 부모의 자존감을 확인하고 어루만져주면 어느새 양육태도를 돌아보게 되고 부모 자신과의 대면이 이루어지면서 자존감이 높아질 것이다.

1번 문항 '나는 아이가 말을 안 들으면 화부터 난다'에 대한 대답이 '매우 그렇다'라면 권위주의적인 부모일 가능성이 높다. 부모 말이 옳더라도 정작 아이에게는 그 옳음이 부담스럽거나 실행하기 어려운 것일 수 있다. 부모 말을 잘 듣는다는 건 아이로서는 어려운 과제다. 아이는 본능과 욕구가 움직이는 대로 행하는 존재인 반면 부모는 이성적 존재이고 조절력을 갖춘 존재이기 때문이다. 부모와 아이는 수준이 다른 것이다. 이럴 때는 아이의 수준에 맞추어야 한다. 자존감이 높은 부모는 기꺼이 아이의 수준에 맞춰준다.

2번 문항 '나는 아이가 마음에 안 드는 대답을 하면 말대꾸를 한다고 느껴진다'에 대해 '매우 그렇다'는 생각이 든다면 부모와 아이 모두 힘들다. 부모가 기껏 말을 시켜놓고 원하는 대답이 나오지 않았다고 화를 내면 아이의 마음도 닫히고, 그 모습을 지켜보는 부모 또한 부정적 감정에 휩싸인다. 아이의 부정적 감정을 대할 때 부모도 짜증이 날 수 있다. 그러다 '내 아이는 왜 매사에 부정적인 것일까? 이러다 세상을 삐딱하게 보는 것은 아닐까?' 하는 불안감도 생긴다. 그러다 보니 "그건 나쁜 거야!"라는 말로 즉각 대응한다. 그렇게 아이 마음속에 '나는 나쁜 아이'라는 이미지가 새겨진다. 아이가 자신감이 없거나 위축된 모습을 보일 때 부모는 안타까운 마음에 혼을 내기도 한다. 그러면 아이는 더 자신감을 잃고 위축된다. 그 모습을 본 부모는 "그렇게 자신감이 없어서 무엇을 할 수 있겠어"라며 절망한다. 아이와 부모의 자존감 모두 허약해지는 순간이다.

자존감 높은 부모는 내 아이의 기질과 성격의 특징을 알고 아이가 '잘할 때'를 놓치지 않는다. 칭찬과 격려를 통해 아이는 자신감을 가지며 자기정체성에 긍정성을 더한다. 자신의 약점과 강점을 두루 포용하며 자신을 가치 있는 사람으로 여긴다. 그렇게 자존감이라는 싹이 발아하고 자란다. 내 아이의 자존감은 부모와의 관계가 시작점이며, 부모의 자존감이 그 모태다.

부모의 기대 목표를 낮추면
아이의 자존감이 높아진다

'그럼에도 불구하고'가 전제될 때 부모의 자존감이 높아진다. 아이가 말을 안 들음에도 불구하고, 아이가 부정적인 반응을 보임에도 불구하고 의연할 때 부모의 자존감이 튼튼해진다. 물론 튼튼하다고 믿은 부모의 자존감도 아이 앞에서 무너져 내릴 때가 있다. 자존감은 영구적이지도, 늘 항구적이지도 않기 때문이다. 하지만 자존감이 높은 부모는 자존감 회복도 빠르다. "너 때문에 못 살아"라는 말로 무너진 자존감을 아이의 탓으로 돌리기보다 '그럴 수 있어. 넌 아직 어리잖아. 어른인 내가 더 노력할게'라고 생각하는 것이다.

자존감이 높은 부모는 아이가 좋은 방향으로 변할 것이라고 믿는다. 그러므로 부모 자신을 향해 '이래봐야 무슨 소용이 있겠어'라고 자조 섞인 말을 하지 않는다. 아이의 반응에 흔들리기보다 부모의 선한 의도가 아이에게 잘 전달될 것을 믿기에 부모의 말에도 '힘'이 생긴다. 그것이 바로 흔들리는 아이를 바로 잡을 부모 자존감의 힘이다.

자존감은 좌절과 비판, 비난에도 자신을 보호해주는 역할을 하지만 아이의 자존감은 아직 연약하다. 부모의 눈길 하나, 말 몇 마디에도 무너져 내릴 수 있다. 부모의 기대치가 높으면 아이의 모든 것이 마음에 들지 않는다. 칭찬할 일이 없고 비난할 일만 많다. 부모의 비난과 지적은 아이 자존감에 흠집을 낸다.

아이에게 만족하지 못하는 부모들의 경우 여러 가지 이유가 있지만 대개 기대가 너무 높아서 부모 스스를 몰아붙이며 아이를 다그치는 경우가 많다. 부모가 아이를 위해 노력한 양에 비례해서 아이를 다그치는 것이다. 그러면 아이 잘 키우려는 부모의 노력은 물거품이 되고 부모와 아이의 자존감도 떨어지기 마련이다.

부모가 기대 목표를 낮추면 아이의 자존감은 높아진다. 아이가 의미 있는 타인(양육자)에게 긍정적인 존재감을 느끼게 되면서, 아이의 성취감과 부모의 만족도가 함께 높아지기 때문이다. '난 괜찮은 아이야'라고 느끼고 볼 수 있는 내면의 거울을 가지게 하려면 턱없이 높은 부모의 기대 목표를 먼저 낮춰야 한다.

부모와의 관계에서
시작되는 자존감

목표가 낮으면 아이와 부모의 관계가 좋아진다. 첫째, 아이의 웬만한 행동과 말들이 거슬리지 않게 되고, 둘째, 아이를 지적하는 일이 줄어들면 아이가 부모를 좋아하게 된다. 결국 아이와 부모의 관계가 좋아지면 '다' 좋아진다.

단순히 부모의 지적이 줄어서 아이가 부모를 좋아하는 것이 아니다. 아이의 단점에만 집중하는 부모는 아이를 주눅들게 하고 사사건건 지적하므로 아이의 기를 죽인다. 그런 부모를 믿고 따를 아이는 없다. 부모는 아이의 장점을 먼저 보고 인정함으로써 관계를 좋게 해야 한다. 결과적으로 아이가 해낼 수 있는 것들을 목표로 삼을 때 부모와 아이의 자존감이 올라간다. 성취감은 자존감을 구성하는 주요 요소다. 성취감을 높이려면 부모가 육아 목표를 낮춰야 한다. 목표가 낮으면 얻게 되는 효과가 3가지 있다.

첫째, 아이의 작은 성취에 만족한다.

둘째, 육아 자신감이 상승한다.

셋째, 부모 자신에 대해 만족하며 자존감이 안정을 유지한다.

우리 아이가 타인의 평가에 흔들리지 않고, 자신을 잃지 않으며 실수와 실패에도 의연한 회복탄력성을 가진 사람으로 행복하게 살기를 바란다면 자존감을 키워주자. 내 아이의 자존감은 다른 사람이 자신을 어떻게 보고 대하느냐에 의해서도 영향을 받는다. 부모가 아이의 가치를 소중하게 여겨주면 아이는 '난 소중한 존재야'라는 자아상을 새기며 자신을 가치 있는 존재로 평가한다.

아이의 자존감은 처음부터 확고한 게 아니다. 양육자와의 긍정적 관계를 거치며 아이의 자존감이 자라고 튼튼해지는 것이다. 자존감의 싹을 키워주자는 말을 자주 하는 것도 이런 이유에서다.

자존감 형성은
부모의 말에 달려 있다

부모의 말로써 아이가 가진 자존감의 싹을 틔울 수 있고,
부모의 말로써 자존감의 싹을 밟기도 한다.

다음의 '이것'은 무엇일까?

'이것'은 학교성적, 리더십, 위기극복능력, 대인관계 등 삶의 많은 영역에 영향을 미친다. 특히 대인관계는 이것과 정비례하는 모습을 보인다. 서울과 경기도권에 거주하는 고등학교 1학년생을 대상으로 조사한 결과, 이것이 가장 높은 그룹은 89.3%가 대인관계 최고 수준의 그룹에 속했다. 반면 낮은 그룹은 78.0%가 대인관계 수준 역시 낮게 나타났다. 마찬가지로 중간 그룹은 69.7%가 중간 정도의 대인관계 수준을 보였다.

이것이 있는 경우는 합리적이고 주도적인 의사결정력이 생기고, 낮은 경우에는 의사결정에 의존적이거나 불확실한 태도를 보일 수

있다. 열등감이나 자격지심으로 인해 공격적인 모습을 보이기도 하며 심하면 우울증이 생기거나 자살 등의 극단적인 방법을 선택하기도 한다.

'이것'에 대한 정보를 모아보았다. 몇 문장만 읽어보아도 행복의 모든 것을 열 수 있는 마법의 열쇠임을 알 수 있는 이것은 바로 자존감이다. 자존감이 얼마나 삶의 전반에 큰 영향을 미치는지 보여주는 문장을 읽으며 아이의 자존감 형성을 위해 부모가 해야 할 역할의 중요성에 대해 진지하게 성찰하게 된다. 그 가운데 '부모의 말'은 아이의 자존감 형성의 시작이며 마지막일 정도로 중요하다.

부모와의 상호작용이
아이의 자존감을 키운다

자존감의 특징 중 하나는 자신에 대한 믿음을 바탕으로 형성되었기에 타인에 의해 함부로 흔들리지 않는다는 것이다. 하지만 내 아이의 자존감을 흔들어놓을 수 있는 막강한 힘을 가진 사람이 있다. 바로 부모다.

가족과의 상호작용과 어린 시절 부모와의 관계를 통해 아이는 자존감을 형성한다. 그중에서 아이의 첫사랑인 부모는 아이의 자존감에 엄청난 영향을 준다. 부모의 말 한마디에는 아이의 자존감을 올렸다 내렸다 하는 힘이 있다. 사실 부모는 자신의 어떤 말이 내 아이의 자존감을 쥐락펴락하는지 이미 알고 있다.

열등감이나 자격지심을 주는 말로 키운 아이에게 자존감을 기대하기란 어렵다. 기대와 격려가 담긴 부모의 말은 아이의 자존감을 키운다. 자존감은 3가지 특징을 가지고 있다.

첫째, 자존감은 아이가 자기 자신을 어떻게 생각하느냐. 어린아이는 자신의 정체성을 찾아가고 알아가는 시기라 "나는 누구야" "나는 어떤 사람이야"라고 자신 있게 말하기 위해서는 누군가 알려주는 일이 필요하다. 이때 아이의 존재감을 키우는 부모의 말이 도움이 된다.

둘째, 자존감은 타인이 자기를 어떻게 받아들이느냐에 대한 느낌이다. 그러므로 아이와 가장 가까운 곳에 있는 사람, 가장 빈번하게 상호작용하는 사람에 의해 영향을 받는다. 아이가 타인에 비친 자신의 모습으로 스스로를 판단하기 때문이다.

셋째, 자존감은 자신을 존중하는 사람을 만나면 높아진다. 존중과 인정은 자존감의 싹을 무럭무럭 자라게 하는 자양분이기 때문이다. 아이는 어렸을 때 축적한 시간과 경험을 통해 자신이 가치가 있는 사람인가, 그렇지 않은 존재인가를 인식한다.

자존감이 높은 아이는 부모로부터 이 3가지를 충족시키는 말을 들었을 확률이 높다. 아이의 생각에 공감하고, 아이의 눈을 바라보고, 아이의 모든 감정에 소중히 반응하며, 말 한마디도 놓치지 않고, 아이에게 반응을 보이며 관심을 기울이는 부모가 아이의 자존감을 높이는 것이다. 자존감을 높이는 '부모의 말'은 언어는 물론 표정과 눈빛 등 비언어적인 모든 것을 포함한다.

자존감은 한 번에 높일 수 없지만
순식간에 무너뜨릴 수는 있다

자존감을 단기간에 높일 수는 없다. 부모는 아이가 자존감을 키우도록 환경을 만들고 도와주며 시간과 공을 들인다. 그런데 이렇게 애써 노력한 자존감을 부모가 순식간에 망칠 수도 있다. 그것도 몇 마디 말로 부지불식간에 그럴 수 있다. 부모의 말로써 아이가 가진 자존감의 싹을 틔울 수 있고, 자생하고 있는 자존감을 밟을 수도 있다. 부모의 의도와는 다른 부모 말과 행동에 의해서 말이다.

물론 자존감은 남에 의해 쉽게 흔들리거나 금방 높아지고 낮아지지는 않는다. 자존감이 튼튼하고 높은 사람의 경우에는 그렇다. 하지만 아이는 이제 막 자존감의 싹을 틔우고 올리려는 중이다. 약하고 여리다. 그러므로 쉽게 영향을 받고 흔들린다. 그것도 아주 별말 아니고 별 뜻 아닌 "그럴 줄 알았어"와 같은 말 한마디에도 크게 영향을 받는다. 자존감은 자기를 존중하는 마음이다. 부모가 자신의 의도와는 다르게 표현하는 말과 행동을 조금만 돌아봐도 최소한 아이의 자존감 형성에 부정적인 영향을 미치지 않는다.

자존감이 높은 사람은 일의 성패와 관련지어 자신의 가치를 매기지 않는다. 그래서 부모 또한 아이의 성과에 부정적 평가를 내리는 일을 삼가야 한다. "그렇게 하니까 안 되지. 도대체 생각이 있는 거니?"와 "이번 일이 잘 안 된 이유가 있을 거야. 어떻게 하면 할 수 있을까?"라는 말의 차이를 알고 표현하면 된다. 하지만 이런 표현이 좋다는 것은 잘 알지만 입 밖에 내기가 쉽지 않다. 머리에서는 '그렇게 하면 좋은데…'라고 지시하지만 잘못된 말 습관이 실천을 가로막는다. 아이한테 그렇게 말하는 것이 어색한 것이다.

자존감이라는 용어를 처음 사용한 미국의 심리학자이자 철학자인 윌리엄 제임스(William James)는 "행복해서 웃는 게 아니라 웃어서 행복하다"라며, 말과 행동이 사람의 생각(감정)을 조절하고 변화시킨다고 했다. 생각을 자꾸 표현해야 습관이 된다는 것이다.

새로운 습관 형성을 위해서는 기존의 습관을 버려야 한다. 그러려면 최소한 "이런 것도 못해?" "하나라도 제대로 좀 해봐" "덤벙대지 좀 마" "아니야, 틀렸어"라는 말은 줄여야 한다. 비언어적 한숨, 무언의 무시하는 눈빛, 거친 손길과 눈길을 거두어야 하는 것은 물론이다.

부모의 육아 자존감 & 아이의 자존감 높이기

부모의 육아 자존감을 높이는 방법
- 다른 부모의 잘난 육아와 비교하지 않는다.
- 다른 아이의 잘난 점을 내 아이의 부족한 점과 비교하지 않는다.
- 완벽한 육아는 없다는 걸 인정한다.
- 아이를 부모 마음대로 바꾸려고 애쓰지 않는다.
- 이만하면 괜찮은 부모라고 자주 격려하고 위로한다.

아이의 자존감을 높이는 부모의 말
- 존재감을 부각시키는 말 "사랑해."
  → 나는 사랑받는 존재야.
- 가치감을 높이는 말 "고마워."
  → 내가 도움을 주는 사람이구나.
- 존중하는 말 "기다릴게."
  → 나를 있는 그 자체로 존중하는구나.
- 긍정적 정체성을 형성하는 말 "미안해."
  → 나를 진정한 인격체로 대하는구나.
- 용기를 주는 말 "괜찮아(그럴 수 있어)."
  → 실수와 실패는 할 수 있는 거야. 다시 해보자.

경청과 공감이
자존감을 높인다

아이가 말할 때는 경청하는 자세로 추임새를 넣고 크게 공감해주어야 한다.
자신의 말이 가치 있다고 생각하는 아이는 말도 잘하고 자존감도 높아진다.

#1.

"엄마, 내 말 듣고 있는 거야?"

"응."

"날 봐야지."

"안 봐도 들려. 귀로 듣잖아."

"그래도 안 보니까 안 듣는 거 같아."

"듣는다니까. 엄마는 멀티플레이어잖아."

"그럼 소리라도 내지 마. 물소리 때문에 내 목소리만 커지잖아."

"말하기 싫으면 그만둬. 별걸 다 탓하네. 엄마도 할 일은 해야지."

"아, 됐어!"

아이가 툴툴거리며 자기 방으로 간다.

"마저 이야기해야지, 그래서 어떻게 된 건데?"

#2.

"엄마, 그런데 있잖아. 내가 오늘 궁금한 게 있어서 사전을 찾아
봤거든."

"사전을 찾아봤어?"

엄마는 설거지하던 손을 멈추고 고무장갑도 벗는다.

"응, 오늘 책을 읽다가 '보람'이라는 말이 나와 궁금해서 사전에
서 찾았는데…."

"보람이라는 말이 어떻게 나와 있었는데?"

엄마는 아이와 식탁에 마주 앉는다.

"엄마 잠깐만. 내가 단어장에 적었으니 가져올게."

아이가 신나게 자기 방으로 간다.

아이 2명은 방으로 갔지만 한 아이는 엄마와의 대화를 끝내기
위해서였고, 한 아이는 이야기를 더 진행시키기 위해서였다. 엄
마가 이야기를 들으려고 자리에 앉자 신이 난 아이는 이야기를
더 구체적으로 진행시키려 단어장까지 가지러 간 것이다.

어린아이들은 엄마와의 대화를 즐긴다. 할 이야기도 많고, 궁
금한 것도 많고, 사랑하는 엄마와 할 수 있는 가장 행복한 일이기
때문이다.

유아기와 초등학교 저학년 시기는 아이가 이런 특징을 보이는 절정기다. 이후 초등학교 고학년, 사춘기에 접어들면 아이의 입을 열게 하는 재주를 가진 엄마가 아니고서는 10세 이전까지 그렇게나 엄마의 뒤를 따라다녔던 아이의 흔적을 찾기란 어렵다.

아이가 부모에게 말하고 싶어할 때 적극적으로 들어주자. 아이가 말할 때 잘 들어주는 게 아이의 자존감을 키워주는 일이다. '너의 말은 소중해'라는 느낌을 주는 경청은 아이의 가치감을 높여준다. 의도하지 않았더라도 아이가 말할 때, 말하고 싶을 때 들어주지도 않고 무심한 건 아이의 자존감을 손상시키는 일이다.

우리 아이 스피치,
자존감과 함께 자란다

'나의 말은 소중해' '내가 말하면 잘 들어주잖아' 하며 자신의 말에 자부심을 갖게 되면 아이 내면에 자존감이 형성된다. '말해봤자 소용없어' '아무리 말해봐야 들어주지도 않을 텐데' 등의 생각이 들면 말하기에 자신감이 없어진다. 말은 생각이고 생각은 말로 표현된다는 인지와 언어와의 상관관계로 볼 때, 아이 말만 잘 들어줘도 자존감 높은 똑똑한 아이로 키울 수 있다. 말을 경청한다는 건 너를 존중한다는 의미로 아이에게 전해진다. 경청을 통해 가치감을 높여주는 것이다. 경청과 공감이 내 아이 자존감의 핵심이라는 이유다.

말하고 싶지 않은 아이에게 억지로 말을 시켜놓고 "그걸 말이라고 해?" "생각이 있는 거니, 없는 거니?" 하는 경우를 생각해보자. 아이의 존재감을 무시하는 데 이보다 더한 방법이 있을까? 노래방에서의 경험을 떠올리면 좀더 생생할지 모르겠다. 노래 안부르겠다는 사람을 억지로 앞에 세우고 전주가 시작되자마자 일행이 자신들이 부를 다음 곡을 찾느라 분주하다면 어떨까? 아무리 흥에 겨워 노래하는 사람이라도 흥이 안 난다. 더군다나 노래하라고 극진히 권해놓고(아이에게 말을 시켜놓고) 정작 시작하니까 안 들어주는 건 무엇이란 말인가.

만약 직장에서 잘 보이고 싶은 상사가 무대에 섰다면 탬버린을 들고 노래에 맞추어 분위기를 띄워주었을 것이다. '당신은 중요한 인물이며 나는 당신을 존중한다'의 표현은 이렇게 들어주고 호응하는 것이다. 내 아이에게 이런 느낌을 주는 것이 경청과 공감의 힘이다. 내 노래에 같이 흥에 겨워하는 사람들과 함께 할 때 노래 부를 '맛'이 나듯, 아이가 말할 때 '말할 맛'이 나야 말 잘하는 아이가 된다. 잘 들어주는 경청자가 필요한 것이다. 아이 말을 이 세상에서 가장 잘 들어줄 수 있는 사람, 추임새 넣어주고 고개 끄덕여주며 경청해주는 사람, 바로 부모다.

경청과 공감을 받은 아이가 말도 잘한다. 말을 잘한다는 의미를 정리하면 생각하며 말하는 아이, 발음과 발성이 정확한 아이, 어느 자리에서든 자신감을 가지고 대상과 상황에 알맞은 말과 목소리로 상대가 공감하는 말을 하는 아이다. 놀랍게도 자존감의 요소가 말 잘하는 아이의 요건에 들어가 있다.

자존감 높은 아이가 말도 잘한다. 당연하지 않은가. '내 말은 가치가 있어' '내 말을 들어주는 사람이 있어' '사람들은 내 말에 공감해' '나는 말 잘하는 사람이야' 이렇게 아이가 자신감을 가지면 말하기에도 자신감이 있다. 그러려면 아이는 부모로부터 먼저 경청과 공감을 경험해야 한다. "AI(인공지능)가 보급된 사회에서 가장 희소성을 갖는 건 타인과 공감할 수 있는 힘을 지닌 사람이다"라는 사티아 나델라(Satya Nadella) 마이크로소프트 최고경영자의 말에 무게감이 실리는 이유는, 사람의 마음을 이해하고 공감하며 협력을 이끌어내는 능력이 미래사회를 살아갈 우리 아이가 AI와 공존할 수 있는 유력한 대안이기 때문이다. 아이 말에 공감하며 자존감을 높여주고, 공감능력도 높여주자.

공감과 경청의
표현을 하라

공감받고 자란 아이가 공감도 잘한다. 부모가 속마음으로만 아이에게 공감하고 그칠 일이 아니다. 공감에도 적극적인 표현이 필요하다. 공감과 경청의 5가지 표현 방법을 살펴보자.

먼저 아이를 쳐다본다. 딴 곳을 쳐다보면 다른 생각을 하는 것으로 비칠 수 있다. 아이만 바라보자.

두 번째, 아이의 말에 웬만하면 고개를 끄덕이자. 잘 듣고 있다는 표시를 해야 신이 난다. 말하는 아이를 신나게 해야 대화가 이어진다. 강연을 하다 보면 눈길이 가는 청중이 있다. 바로 고개를 끄덕이며 공감의 표현을 해주는 사람이다. 강사로서 강의에 대한 자신감과 아울러 '잘하고 있다'라는 자부심이 생겨 뿌듯해진다. 아이 말에 공감의 표현, 즉 고개만 끄덕여도 말하고 싶게 하는 힘을 주고, 아이의 자존감도 쑥쑥 올라간다. 부모의 끄덕거림은 이렇게 큰 위력을 가진다.

세 번째, 아이의 말을 들을 때 표정을 입체적으로 하자. 기쁠 때는 환한 빛, 놀랄 때는 놀라는 표정 등으로 공감의 반응을 입체적으로 보이자. 자신의 말에 이렇게 반응을 보이는 부모에게 아이가 느끼는 자기긍정감은 자존감 높이기의 자양분이 된다.

네 번째, "그랬어?" "그래?" "와, 그랬다고?" "어머나!" 등의 추임새를 넣자. 명창을 완창으로 이끄는 힘이 고수의 추임새라지 않는가. 아이를 명창으로 만들고 완창하게 하는 지구력과 자신감을 갖게 하는 것은 부모의 추임새로 가능하다.

마지막으로 끝까지 잘 들었다는 표현을 하자.

"어쩌면 이렇게 생생하게 전달도 잘할까? 우리 딸이 말하면 엄마도 마치 거기에 있었던 것 같아."

판소리를 응용한 경청과 공감 7단계

- **1단계**: 고수가 북을 들고 나와 자리를 잡고 앉듯 부모도 자리를 잡고 앉아라.
- **2단계**: 명창을 보듯 아이에게 집중하라. 고수는 항상 명창을 향해 집중한다.
- **3단계**: "얼쑤!" "툭!" 고수가 북을 치듯 들을 준비가 되었다는 신호를 하라. 고개를 끄덕이거나, 혹은 얼굴 표정으로 들을 준비가 되었음을 표시한다.
- **4단계**: 시종일관 명창에게 시선을 떼지 마라. 아이가 말할 때 딴데를 보거나 휴대폰을 만진다거나 하면 존중받는 느낌이 줄어들고 대화의 맥이 끊어진다.
- **5단계**: 명창의 '아니리'와 '너름새'처럼 부모는 아이의 말에 고갯짓과 표정 등으로 공감하며 화답하라.
- **6단계**: 명창의 창 사이에 적절한 추임새를 넣듯 감탄사를 넣어라. 아무 때나 추임새를 넣으면 끼어들기가 되어 맥을 끊으므로 적절한 타이밍에 감탄사 및 아이 말의 핵심어를 활용해 반응한다.
- **7단계**: 명창을 완창하게 하라. 아이가 자신의 이야기를 끝까지 다 해서 스스로 만족하게 한다.

부성과 모성으로
아이의 자존감을 키운다

"네가 자라서 어떤 사람이 될지를 생각하면 엄마 아빠는 마음이 벅차."
부모의 마음이 아이에게 닿는 순간, 아이는 성장한다.

임신 경험이 없는 여성 20명과 아이가 없는 남성 17명의 뇌조직 구조를 MRI(자기공명영상)로 찍었다. 그리고 앞으로 임신할 계획이 있는 여성 25명의 뇌를 임신 전과 후로 나누어 촬영했다. 임신과 동시에 여성의 뇌에 큰 변화가 생기기 시작했다.

뇌의 부위 중 대뇌피질에 큰 변화가 생겼다. 특히 다른 사람의 마음을 이해하고 공감하는 역할을 담당하는 '전두엽 영역'이 변하기 시작했다. 전두엽 영역은 '인간뇌'라 불리며 행동, 인지, 운동, 언어, 감정 등을 담당하는 두뇌의 핵심으로 뇌의 사령부 역할을 하는 곳이다. 임신과 함께 찾아오는 대뇌피질의 변화 중 전두엽의 공감 부위가 눈에 띄었는데 이 변화는 2년 가까이 유지되었다고 한다.

아이와 관련된 냄새를 더 잘 맡는다는 연구결과도 있다. 캐나다 캘거리대학교의 사무엘 바이스(Samuel Weiss) 교수팀이 발표한 연구에 따르면 생쥐가 임신을 하면 전뇌 뇌실하 영역에서 신경세포가 새로 만들어지는데, 이 세포가 발달단계를 거쳐 후각신경계를 이루게 된다고 한다.

이밖에도 임신과 출산에 대한 여러 실험을 보면 학습능력과 기억능력이 향상되고, 두려움이 감소한다는 결과도 있다. 임신과 출산 경험이 두려움에 관여하는 편도체 활동에 변화를 주기 때문이다. 엄마가 되면 기억력이 좋아지고 용감해지며 냄새도 잘 맡게 된다는 것은 부모됨 자체가 육아를 잘할 수 있는 능력으로 직결됨을 확인시켜주는 의미 있는 연구결과다.

2천여 년 전 논어의 가르침,
후생가외 육아법

부모가 되면 많은 것이 달라진다. 특히 엄마의 경우에는 '아이 앞에서는 없던 힘도 생기고 아이 앞이라면 무서운 것이 없어질 정도'라는 말도 종종 한다. 평범한 말이지만 이 말은 2가지의 중의적 의미를 가진다.

첫 번째 의미는 모성이 가지는 본래의 의미에 있다. 아이를 위해서라면 무서움도 모르고 용감해지는 것. 이것이 아이를 잘 키우는 힘이 된다. 문제는 두 번째 의미다. 내 아이라서 두렵지 않다면 문제가 생긴다. 아이의 자존감을 지켜주려면 논어에 나오는 후생가외(後生可畏)라는 말을 되새겨봐야 한다. 나보다 나중에 태어난 사람을 두려워한다는 의미로서 후생은 선생에게는 제자이며 부모에게는 자녀다. 학생과 자녀는 지금 비록 선생과 부모에 비해 어리고 부족하지만 "그들이 커서 무엇이 될지는 아무도 모르는 것이니 가히 두려워해야 한다(焉知來者之不如今也)"라는 뜻이다. 내 아이의 무한한 가능성을 찾고, 믿는 부모라면 아이를 존중하기에 함부로 대하지 않는다. 두려워한다는 '경외'라는 말이 그런 의미다.

"네가 자라서 어떤 사람이 될지 엄마도 모른단다. 그만큼 넌 가능성이 큰 아이야."

이런 부모의 말이야말로 자존감의 요체가 아니겠는가.

반면에 부모가 되면 아이를 위해 용감해지는 그 이상으로 '아이가 잘 되었으면 하는 마음'이 앞서, 아이에게 상처가 되는 줄도 모르고 무서운 말을 하기도 한다.

아이 자존감을 위한 부모의 말을 연습해보자. 후생가외 육아법을 일상대화에서 응용해보는 것이다.

첫 번째, 아이를 존중하는 마음을 잘 담아 전하는 것으로 추천할 만한 것이 청유형 화법이다. 아이에게 무언가를 요청할 때 자칫 '네가 당연히 해야 해' '엄마가 하라면 그건 당연히 해야 하는 거야'라는 생각에 무의식적으로 명령 아닌 명령을 하게 된다.

어떻게 하면 후생가외의 마음을 잘 전할 수 있을까? "식탁 위에 숟가락 좀 놔"라는 명령의 말보다 아이를 존중하는 마음을 담아 "연우야, 식탁 위에 숟가락 좀 놓아주겠니?"라고 청유형으로 요청하거나 제안하는 형식으로 말해보자. 두 말은 어떤 차이가 있을까? 앞의 말은 숟가락을 놓으라는 부모 말대로 따라야 한다는 '부모 의지'의 강요가 담겨 있고, 뒤의 말은 '아이의 의사'를 물어 아이가 결정을 하게 한 말이다.

또 하나의 차이는 '이름'을 부른 것과 그렇지 않은 것의 차이다. 아이의 이름을 부드럽게 불러주자. 청유형과 아주 잘 어울리는 화법이다. 명령과 요청은 아주 사소한 말 차이에서 비롯되지만 결과의 차이는 크다. 명령을 받는 '해라!'와는 달리 요청을 받는 '주겠니?'는 아이에게 선택과 결정을 할 수 있게 한다. 선택과 결정능력을 높이면 자존감도 올라간다는 내용은 6장에서 더 상세하게 다룰 것이다.

두 번째, 후생가외를 실천하는 대화법은 아이를 인격체로 대하는 "고마워"라는 말을 잘 사용하는 것이다. 고맙다는 말은 '너는 참 중요하단다'라는 마음을 전하면서 부모와 아이는 상하가 아니라 대등한 인격체임을 확인시키는 말이다. 식탁에 수저를 놓은 아이에게 "잘했어"라는 칭찬의 말도 아이의 연령과 상황에 따라 필요하지만 "연우야, 고마워. 도움이 되었단다"라는 말을 사용해보는 건 어떨까?

부모에 따라 청유와 고마움을 자연스럽게 말로 표현하는 것이

어색할 수 있다. 그동안 품 안의 어린 내 아이에게 가장 효과적이라고 생각한 말이 '해라'체였기 때문에 습관이 되었다면 부드러운 청유형으로 말하고, '고마워'를 부모 입에 착착 감기도록 하면서 그에 맞는 표정도 함께 연습해야 한다. 내 아이가 어떤 아이가 될지를 생각하면 설레고 벅찬 마음이 들지 않는가. 아이의 무한가능성을 찾는 부모, 아이를 존중하며 말하는 후생가외 육아는 아이의 자존감을 높여주고 미래를 바꾼다.

부성과 모성으로
아이를 키운다

앞의 연구를 다시 상기해보면 엄마가 되면서 아이의 자존감을 키우기에 적합한 뇌가 된다. 이 기간이 2년까지 지속된다니, 아이 자존감의 프라임 타임인 3세까지는 부성과 모성으로 아이를 키우면 된다. 불쑥불쑥 예상치 못한 아이의 기질과 멋대로 하는 모습이 보이면 '후생가외'를 떠올리면서 '그래, 앞으로 큰 사람이 될 내 아이야' 하며 기대감이 섞인 눈빛을 보내자. 부모로부터 받은 기대의 눈빛이 아이에게 애착으로, 상호작용으로, 관심으로, 신뢰로 전해져 자존감이 높아진다. 아이에게 이렇게 말해보자.

"○○야, 엄마는 네가 정말 기대가 돼."

이 말은 진짜 기대를 담은 말이어야 한다. 그냥 해보는 말은 부모도 알고, 아이는 더 잘 안다. 부모가 이루고 싶었던 꿈이나 목표를 자연스럽게 말해주는 것도 좋다. 다만 아이에게 부담을 주거나 부모의 대리만족으로 하는 말이어서는 안 된다.

무언가 열심히 하는 아이의 뒷모습을 보자. 진지하고 믿음직스럽지 않은가. 떼쟁이, 고집쟁이 내 아이도 묵묵히 지켜봐주자. 이때도 후생가외를 떠올린다면 도움이 된다. 아이의 고집이 아이 안의 의지와 욕구를 성취하겠다는 표현으로 보여 대견할 수도 있다. 무언가를 이루어낼 아이로 보일 것이다. 이렇게 보이게 하는 힘이 부모됨이다. 이제 그 부모됨이 이끄는 대로 표현하면 된다.

"우리 딸, 참 열심히 하는구나."

"엄마 아빠는 네가 자랑스러워."

종이 한 장과 펜을 준비해 아이에게 건네며 이런 말을 해보면 어떨까?

"아들, 엄마한테 사인 한 장 해줘. 미리 사인 받아놓고 싶어."

부모됨은 그 자체로 아이의 '모든 것을 이끌어내는' 힘을 가지고 있다. 부모 안에 내재되어 있는 부성과 모성으로 아이의 자존감을 높여주자.

자존감을 높이는 '후생가외' 육아법 3가지

첫째, 지금 내 앞의 아이가 미래에 어떻게 성장했을지 상상해본다.

둘째, 지금 내 아이가 부모에게 받은 모든 것은 자녀가 성장한 후에 기억해도 될 만한 것들인가 생각해본다.

셋째, 지금 내 아이에게 한 말을 녹음해서 훗날 성장한 내 자녀에게 들려줄 수 있는가 짚어본다.

아이의 자존감을 높이는 방법으로 부모와의 대화만큼 큰 영향을 주는 것은 없습니다. 자존감을 높이는 대화의 키워드는 역시 경청과 공감이지요. 아이가 말할 때, 부모는 온몸으로 듣고 반응해주어야 합니다. 귀만 열어놓는 것이 아니라 몸을 아이에게 기울이고 마음을 열어 용기와 격려, 위로가 담긴 말로 반응하는 것이 공감이고 경청입니다. 아이 말에 섣부른 판단을 내리지 마세요. 부정적인 감정도 이해해주세요. 아이는 부모의 일방적인 결정을 듣고 싶거나 혼나고 싶어 말하는 게 아닙니다. 아이의 마음을 알아주어야 아이는 안정감을 느끼고 마음을 열게 됩니다. 그래야 비로소 진짜 대화가 가능해집니다. 부모와 대화를 나눈 아이가 이렇게 말했으면 좋겠습니다.

"우리 엄마 아빠랑 말하면 정말 좋아."

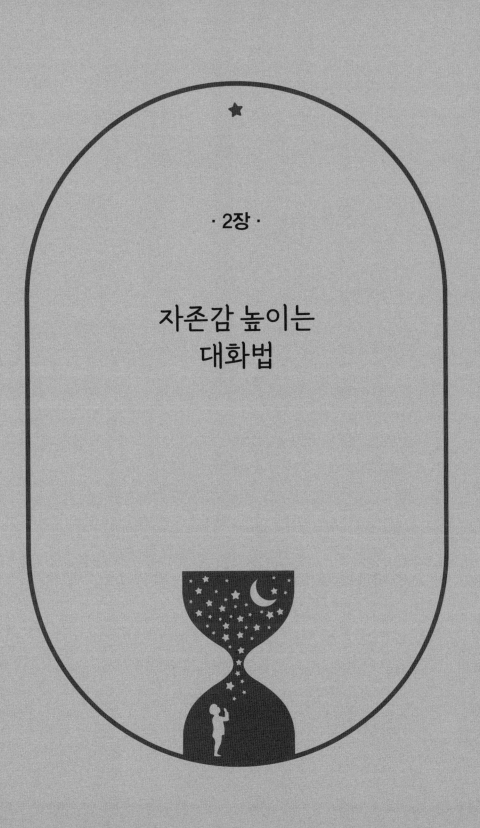

· 2장 ·

자존감 높이는
대화법

아이의 욕구를 알면
자존감이 높아진다

부모와 아이의 욕구는 동일하지만 표현과 절제력에는 차이가 있다.
아이의 욕구를 알고 제대로 충족시키면 자존감이 높아진다.

에이브러햄 매슬로(Abraham Maslow)의 욕구이론은 '인간의 행동은 각자 필요한 욕구를 바탕으로 그 동기에 의해 유발되고, 이 욕구에는 위계가 있어서 하위 욕구가 충족되면서 점차 상위의 욕구로 나아간다는 것'이다. 이 이론을 인용한 이유는 아이의 하위 욕구를 충실하게 충족시켜주면 아이의 건강한 자존감 형성에 도움이 된다는 것을 이야기하고 싶어서다.

아이는 기본 욕구(생리적 욕구)에서 고차원적 욕구(자아실현의 욕구)로 나아간다. 같은 욕구를 가진 부모지만 고차원적 욕구까지 발달한 부모는 아이의 기본 욕구에 대한 조절을 도와주고 상위 단계로 나아가도록 돌본다. 이 과정을 어떻게 대하느냐에 따라 아이의 자존감에 영향을 주는 것이다. 아이의 하위 단계 욕구를 존중하는 것이 자존감 형성에 중요하다.

매슬로가 정의한 5가지 욕구는 부모와 아이 모두 가지고 있다는 점에서 동일하다. 이런 면에서 그 욕구가 어떤 것인지를 부모는 잘 알기 때문에 아이의 욕구를 이해하고 채워주는 데 도움이 된다.

하지만 부모와 아이의 욕구가 충돌할 수 있다는 위험성도 있다. 동일한 욕구지만 부모와 아이는 욕구 표현과 절제력에서 엄청난 차이를 보인다. 부모는 욕구를 절제할 수 있는 능력이 뛰어나지만 아이는 욕구를 '자기 마음대로' 표현한다는 '차이'도 있다. 부모가 '부모와 아이가 가진 욕구의 공통점과 차이점'을 인정하고 채워줄 때 아이의 자존감이 높아진다. 자존감을 키우는 경

 매슬로의 욕구이론

- 생리적 욕구: 의식주 등 생명 유지를 위한 본능적인 욕구를 말한다.
- 안전의 욕구: 신체적, 정서적, 물질적인 안전의 욕구를 말한다.
- 애정과 소속의 욕구: 소속감을 느끼며 사람들에게 사랑받고 싶다는 욕구를 말한다.
- 존중의 욕구: 인정받고, 존경받고 싶은 욕구를 말한다.
- 자아실현의 욕구: 가장 고차원적인 욕구로 성취감, 성장 욕구를 말한다.

청과 공감도 아이의 욕구(먹고 싶고, 자고 싶고, 갖고 싶고, 놀고 싶고, 사랑받고 싶은 욕구)를 잘 들어주는 것과 맥락을 같이 한다.

부모와 아이의 차이를 살펴보자. 초산 평균연령이 30대 초반이기 때문에 엄마와 아이는 태어나자마자 30년이라는 큰 세대차이에 맞닥뜨린다.

아이는 몸무게, 키, 힘, 어느 것 하나 엄마와 견줄 수 없다. 하지만 아이는 부모가 가진 욕구와 동등하면서도 '분명하고 절실한 생존의 욕구'를 가지고 있다. 자고, 먹고, 배설하는 이 욕구를 충족하는 것이 이 시기에 아이가 해낼 치열한 발달과업이기도 하다. 부모는 아이의 욕구를 채워주기 위해 재우고, 먹이고, 돌보는 일에 기쁨도 느끼지만 좌절과 격심한 감정의 소용돌이에 휘말리기도 한다. 오죽하면 육아를 '전쟁'에 비유하겠는가.

아이의 욕구는 생리적 욕구가 가장 우선이지만 부모는 고차원적 욕구가 앞선다는 차이도 있다. 아이를 잘 키우고 싶다는 마음(고차원적 욕구)이 아이의 본능적 욕구와 격심한 수준차를 보이니, 부모에게 받아들여지는 경험이 중요한 시기에 아이는 때때로 부모에게 거부당한다는 느낌을 받기도 한다. 부모는 초자아(super-ego)가 발달된 어른이고 아이는 이제 막 자아(ego)의 세계로 나아가는 과정인 본능적 에너지 이드(id)의 세계 속에 살고 있다.

또 하나 인정해야 할 차이는 아이가 부모와 마찬가지로 감정과 욕구를 가지고 있지만 그 표현을 제대로 못한다는 것이다. 배고

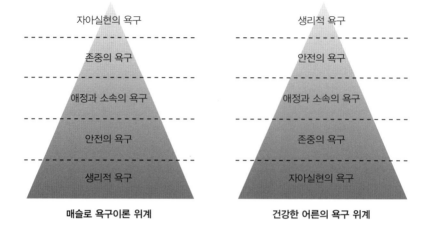

매슬로 욕구이론 위계	건강한 어른의 욕구 위계
자아실현의 욕구	생리적 욕구
존중의 욕구	안전의 욕구
애정과 소속의 욕구	애정과 소속의 욕구
안전의 욕구	존중의 욕구
생리적 욕구	자아실현의 욕구

* 부모와 아이는 '동등한' 욕구를 가지고 있지만 위계의 순위가 다르다. 발달과 절제력의 '차이' 때문이다.

픈지, 아픈지, 불쾌한지, 안기고 싶은지를 정확히 표현해야 들어줄 수 있는데 어휘력이나 표현력이 부족하니 둘 다 난감한 상황에 자주 부딪친다. 이 상황을 대하는 부모의 태도가 아이가 가진 자존감의 싹을 틔우고 키우는 열쇠가 된다.

아이와 부모가 동등한 인격체임을 인정하면 모성과 부성, 측은지심으로 아이를 안전하고 편안하게 충족시킨다. "왜 울어? 왜 그러는데?"라는 말보다 "기저귀가 젖어서 울었구나"라는 기본 욕구에 대한 살뜰한 돌봄의 말로 아이가 사랑받고 있다고 느끼게 하며 아이의 본능 욕구를 존중해주는 것이다.

이런 욕구를 충족하며 아이는 세상이 안전하고 평화로우며 믿을 만한 곳이라고 인식하게 된다. 안정애착 형성으로 자존감의 틀을 견고히 하는 것이다.

아이의 욕구를 대하는
5가지 방법

부모에 비해 아이는 총체적으로 약하다. 아이는 신체적, 판단력, 지적능력, 어휘력에서 한없이 부족하고 약한 존재다. 그런 반면, 기본적인 욕구는 부모보다 강하다. 욕구와 감정은 강한데 이를 표현할 적절한 방법을 모르는 아이에게 부모는 가르치고 반복해서 알려주어야 한다. 이것을 우리는 아이를 '키운다' '기른다'라는 말로 표현한다. 자존감 '키워주기'라는 용어도 같은 맥락이다. 이 말은 제대로 된 돌봄이 전제되었을 때 쓸 수 있는 자격이 주어진다.

제대로 된 돌봄은 '인격존중'을 그 바탕으로 한다. 아이는 부모가 자신을 인격체로 존중했을 때 잘 자란다. 어떻게 하면 인격체로 대하는 걸까? 바로 '반응'이다. 어른들도 내 말과 요구에 '무시'가 아닌 반응을 보일 때 존중받는다는 느낌이 든다. 반응은 자존감 키우기의 초석이다.

특히 반응하는 부모의 마음가짐이 중요하다. '아이에게는 잠재적인 힘(잠재력)이 있다. 지금 보여주지 못하는 것일 뿐 엄청난 가능성이 있다'라는 마음을 가지는 것이다. 후생가외의 마음으로 아이를 대하는 것이 동등한 인격체로 대하는 방법이라고 한 이유다. 하지만 동등하게 대한다는 의미는 부모가 아이에게 끌려다닌다는 말이 아니며, 아이가 위험하거나 금지행동을 했을 때 그냥 방관하라는 의미도 아니다. 방임과 자율을 구분해 아이의 자존감을 키울 수 있는 5가지 방법을 살펴보자.

첫째, 아이에게 바라는 대로 행동하고 말하라

부모는 아이에게 무엇을 바라는지 생각해보고, 말과 행동을 해야 한다. 예를 들어 아이가 정리를 잘했으면 좋겠다면 부모부터 정리를 잘하는 모습을 보이고, 책을 읽기를 바란다면 부모부터 책 읽는 모습을 보여주면 된다.

둘째, 부모의 모순점을 최소화하라

아이가 혼란함을 느끼지 않도록 해야 한다. 부모의 기분대로 이랬다저랬다 하는 것은 아이에게 혼란을 주고, 무시받는 느낌을 준다. 아이가 부모를 예측할 수 있도록 일관되게 행동해야 한다. 부모가 기분이 좋을 때와 그렇지 않을 때의 차이가 너무 크면 아이는 혼란스럽다. 부모 기분대로 한다는 자체가 아이를 존중하지 않는 마음에서 나온 것이기도 하다. 이렇게 부모 마음대로 아이를 대한다면 아이는 타고난 자존감마저 지킬 수 없다.

셋째, 아이가 바라보고 싶은 거울이 되어라

아이는 부모라는 거울에 비친 자신을 보며 그 모습이 자신이라고 믿는다. 부모가 어떤 표정과 어떤 눈길로 자신을 바라보는가를 느끼며 아이는 자신의 정체성을 형성해간다. 자존감은 자신을 사랑하고 존중하는 부모를 만날 때 쑥쑥 커진다. 지금 내 아이가 바라보는 부모가 '널 사랑해' '널 존중해'라는 모습을 보이면 아이의 자존감은 자라난다.

넷째, 아이를 위한 것이면 무엇이든 아이에게 물어보라

이것은 선택과 결정의 문제뿐만 아니라 아이에게 하는 스킨십도 포함할 수 있다. 위험하거나 절대 안 되는 원칙 몇 가지를 제외하면 아이에게는 선택과 결정권이 있으며, 이를 통해 아이는 애정과 소속감, 존중감을 느낀다.

다섯째, 아이에게 어떤 말을 하고 어떻게 대하는지 돌아보라

몸짓, 손짓, 숨결 등 아이에게 어떻게 말하고 대하는지, 특히 아이의 욕구를 대하면서 어떻게 반응하는지, 아이를 위협하고 소리치지는 않는지 돌아볼 필요가 있다. 부모 마음대로 속전속결로 대화를 끝내는 경우가 많다면 아이의 자존감에 어떤 식으로든 상처를 주었을 확률이 높다. 어른보다 욕구가 크고 욕구통제능력이 부족한 아이를 대한다는 건 웬만한 인내로는 불가능하며 빨리 끝냈다는 건 어른으로서 가진 힘을 남용했을 확률이 높기 때문이다. 아이의 욕구를 무조건 받아주자는 것이 아니다. 성장 단계별 욕구를 이해하고 잘 돌보며 충족시켜주어야 한다는 의미다. 아이와 부모의 공통점과 차이점을 인정하고 동등한 인격체로 대했을 때, 아이의 자존감이 자라난다는 사실을 기억하자.

욕구 충족을 위한 발달단계별 사랑 표현 방법

- 신생아기: 아이의 욕구를 100% 들어주는 즉각 반응을 하라. 가장 최선은 '반응'이고 가장 나쁜 것은 '무반응'이다.
- 영아기: 아이가 보이는 욕구와 비지시적 언어에 즉시 들어줄 것과 유보해야 할 것을 구분해서 반응하라. 이 시기부터 아이는 욕구 조절을 해야 할 필요를 서서히 느끼며 조절에 대해 배울 준비를 한다.
- 유아기: 아이의 욕구에 절제가 필요한 경우와 그렇지 않은 경우를 살펴 'YES'와 'NO'의 경계를 잘 구분지어 사랑하라. 무분별한 사랑은 아이의 자존감 형성에 부정적인 영향을 끼친다. 아이가 자신의 욕구에 갇혀 늘 아기 같은 보살핌을 요구할 때 부모가 무분별하게 수용해주면 아이는 욕구 조절을 하지 못하고 조절능력이 낮아져 자존감이 낮아지는 것이다.

아이의 이야기를 잘 들어줄수록 자존감이 높아진다

엄마의 질문이 말하는 아이를 신이 나게 한다.
경청과 피드백으로 아이의 자존감을 키워주자.

고개는 끄덕

눈빛은 반짝

놀랄 때는 입도 활짝

재밌을 때는 박장대소

속상해 할 때는 "저런, 어떡해, 괜찮아?"

문제가 있을 때는 "어떻게 하면 될까? 도와줄 일 있니?"

어느 초등학생의 시, '엄마, 제 말을 들어줄 때는요'

아이의 말을 잘 듣는다는 건 어떤 의미일까? 어떻게 들어야 잘
들었다는 걸 아이에게 전달할 수 있을까? 앞의 시에는 '내가 말

할 때 엄마가 이렇게 반응했으면 좋겠어요'라는 아이의 마음이 담겨져 있다.

결국 아이들이 원하는 건 자신들의 말에 엄마가 몸 전체로 반응해주는 것이다. 초등학교 저학년 아이들을 직접 인터뷰하는 과정에서 만난 2학년 소형이가 한 말이 기억에 남는다.

"제가 말을 하면 엄마가 다른 데 좀 안 쳐다봤으면 좋겠어요. 근데요. 엄마가 말할 때 제가 잠깐 다른 데를 쳐다보면 혼이 나요. 엄마 말 안 듣는다고요."

다시 느낀다. 아이의 이야기를 잘 들어주는 비법은 부모가 아이에게 말할 때, 아이에게 바라는 반응을 부모가 먼저 보이면 된다는 것을.

부모가 바라는 경청과
아이가 바라는 경청은 같다

어떨 때 제일 속상한지 엄마들에게 물어보았다. '아이가 엄마 말 안 들을 때'가 단연 1위다. 물론 엄마의 말을 안 듣는다는 건 엄마가 시키는 대로 즉시 움직이지 않는다든가, "알았어요"라는 대답만 하고 아무것도 안 하는 등 지시에 대해 실천으로 옮기지 않는 것을 포함한다.

엄마들에게 "엄마가 말할 때 아이가 어떤 태도를 보였으면 하

엄마의 생각	아이의 생각
이름을 불렀을 때 얼른 엄마한테 와줬으면 좋겠다.	엄마를 불렀을 때 얼른 와줬으면 좋겠다.
엄마가 말하면 딴짓하지 않고 집중하면 좋겠다.	엄마가 다른 일 안 하고 내 말을 들어줬으면 좋겠다.
말대꾸하지 않고 받아들이는 반응을 보였으면 좋겠다.	내 마음을 알아주고 긍정적인 반응을 보여줬으면 좋겠다.
말한 보람이 있었으면 좋겠다.	엄마가 결론을 내리거나 일방적으로 혼내지 말고 내 편이 되어줬으면 좋겠다.
말을 안 들으면 속상하다.	엄마가 말을 안 들으면 속상하다.

나요?"라는 질문을 하면 놀랍게도 아이들이 원하는 바와 일치하는 대답을 했다.

부모와 아이 모두 '내가 말할 때는 잘 들어주었으면' 하는 것이 공통된 바람이다. 그렇다면 엄마가 먼저 아이의 말을 잘 들어주자. '대접받고 싶은 대로 대접하라'라는 말이 생각난다. 잘 들었다는 것을 온몸으로 보이는 것도 좋겠다. 온몸으로 하는 반응은 엄마의 경청하는 마음을 보여줄 수 있는 대표적인 방법이다.

잘 들은 다음에는 아이에게 묻자. 잘 들었다는 건 내용을 이해했다는 것이고, 이해를 하면 자연히 궁금한 게 생긴다. 물론 따지듯 쏘아붙이는 질문이 아니다. 여기서의 질문은 아이가 다음 말을 신나게 할 수 있도록 이끄는 질문이고, 아이의 말에 따뜻한 관심을 표현하는 질문이다.

아이를 신나게 하는
부모의 질문

"그랬어? 그래서 어떻게 했는데?"

여기서 '그랬어?'는 아이의 말을 잘 들었다는 의미다. 아이가 한 말을 있는 그대로 받아서 활용하는 '앵무새 화법'이면 더 구체적인 질문이 된다. 아이의 말 중에 중요한 키워드를 그대로 말하면 된다. 이 화법은 아이의 말을 잘 듣고 있다는 반응으로써 효과가 높을 것이다. 앵무새 화법이라 해서 영혼 없이 따라만 한다는 의미가 아니다. 여기서 핵심은 아이의 말 중에 '키워드'를 찾아야 한다는 것이다. 그러려면 아이의 말을 잘 들어야 한다.

"우리 반에서 웃기는 일이 있었어."

"그랬어? 웃기는 일이 있었어?"

이런 반응이 잘 듣고 있다는 것이며 아이의 다음 말에 대한 기대를 하고 있다는 표시인 동시에 '질문의 효과'도 있다. 또는 아

 TIP **아이의 말을 잘 들어주기 위한 환경 만들기**

1. 텔레비전, 컴퓨터 등 끄고 대화에 집중하기
2. 읽던 책이나 기타 볼거리에서 눈을 떼기
3. 휴대폰 만지작거리지 않기(무음으로 해놓고 대화 장소와 먼 곳에 두기)

이가 얼른 말하고 싶어 한다면 엄마가 질문을 짧게 하고, 궁금한 표정으로 "그래서?"라고 묻는 것도 좋다. 이런 반응은 너의 다음 이야기가 궁금하고, 너의 말을 잘 듣고 있다는 표현이다. 질문은 궁금할 때도 사용되지만 아이로 하여금 말하는 게 '즐겁다' '신난다'라는 느낌을 갖게 하며 자신의 말이 존중받는다는 느낌이 들게 한다.

"엄마, 내 친구 하정이랑 오해가 생겼는데…"하며 아이가 속상한 이야기를 하면 더 신중하게 들어주어야 한다. 그리고 아이와 해결방법도 같이 고민하는 질문, 즉 엄마도 너와 함께 고민을 나눈다는 질문을 던짐으로써 안심하도록 하면 좋다. 특히 초등학교 저학년이라면 엄마의 지혜를 같이 나누자. 엄마의 "아""어""음"은 함께 고민하고 있다는 표현으로도 적합하다.

혹은 진지한 눈빛으로 '너에게는 엄마가 있단다'를 느끼게 하는 이런 질문도 좋다.

"혹시 엄마가 도울 일이 있니?"

용기, 격려, 위로가 담긴
알맞은 피드백이 자존감을 높여준다

아이의 이야기를 잘 들은 다음에 필요한 것은 역시 용기와 격려, 위로 등이다. 언제든 너에게는 가족이 있고 부모가 있음을 상기

시켜주는 것이 좋다. 자존심 때문에 엄마의 도움이 필요하지 않다고 해놓고 정작 도움이 필요할 때 말하지 못하는 아이들을 많이 만났다. 이런 경우를 대비한 부모의 말이 있다. 부모의 도움이 필요하면 아이가 언제라도 말하도록 마음을 열게 하는 말이다.

"엄마 아빠의 도움이 필요하면 언제든지 말하렴."

아이의 이야기에는 재미있는 내용도, 일상의 일화도, 속상한 이야기도, 억울한 이야기도 있다. 이 다채로운 이야기에 온몸으로 반응하고, 질문도 하며 경청했다면 들은 내용에 알맞은 피드백이 필요하다.

즐거운 이야기는 맞장구치기도 쉽고 좋다. 이야기의 시작이 좋으니 끝도 좋은 것이다. 하지만 무언가 석연치 않은 내용이 있고 아이가 힘들어하는 이야기였다면 부모의 반응 또한 신중해야 한다.

때로 엄마와 이야기를 나누는 동안 아이 스스로 솔루션을 찾아내기도 하고 자정(自淨)작용도 하며 아이가 자신을 돌아보는 계기도 될 수 있다. 굳이 엄마가 아이에게 잘 생각해보라는 이야기를 하지 않아도 결론을 잘 내린다. 이것이 '생각해 보니 효과' '말하다 보니 효과'다. 아이는 말하면서 '생각해 보니' 자신이 무엇을 잘못했는지 깨닫게 되고, 친구가 잘못한 게 아니라 자신이 먼저 실수했다는 것도 깨닫는다.

어떤 엄마는 아이가 징징거리며 친구한테 억울한 일을 당했다고 했을 때 또 그러나 싶어 귀를 막고 싶었는데, '듣자, 듣자, 또 듣자' 하고 가다듬으며 중간중간 "아" "응" "그래"만 했다고 한다. 그리고 이왕이면 마무리 멘트도 해야겠다는 마음으로 억지로 입을 열어 "속상했는데도 잘 참았구나. 참느라고 힘들었겠다"라고 했는데 그 순간 엄마 자신의 눈에 눈물이 맺혔다고 한다. 그 말을 하는 순간 징징거리던 아들에게 짜증났던 자신에 대한 반성과 아이가 크느라 애쓴다는 생각이 동시에 들면서 엄마 스스로에게 깊은 울림을 준 것이다. 그런데 아이도 "엄마한테 이야기하니까 하나도 안 속상해요. 다 풀렸어요" 하는 말을 했다고 한다. 엄마가 한 거라고는 억지로 들어준 것과 겨우 "아" "응" "그래"라는 말이 전부였는데 말이다. 초등학교에 입학한 후로 학교에만 갔다 오면 부정적인 이야기를 하는 '징징이' 아들이었는데, 억지로라도 이렇게 제대로 들어준 적이 없었다는 것을 엄마는 뒤늦게야 깨달았다.

아이의 말은 듣는 둥 마는 둥하며 늘 훈계조로 마무리했던 "네가 친구랑 잘 지내야지"는 더이상 필요하지 않았다. 엄마는 아들을 꼭 껴안았다. 아이 말을 잘 들어주는 경청 자체가 부모의 그 어떤 말보다 더 황금 같다.

아이의 자존감을 떨어뜨리는 듣기, 5가지

---

1. 아이 말 중간에 끼어들기

자칫하면 부모의 훈계가 앞서게 된다.

2. 아이 말 중간에 자르기

알아들었다는 듯 아이 말을 자르고 다음 말을 재촉하면 말의 맥이 끊어진다.

3. 아이 말머리 돌리기

부모가 마음대로 다른 주제로 돌리면 아이는 자신의 말이 재미없거나 부모가 관심 없다고 생각한다.

4. 아이 말꼬리 잡기

자신의 말이 잘못되었다고 느끼며 말하기에 자신감이 떨어진다.

5. 아이 말 자꾸 물어보기

부모가 제대로 듣고 있지 않다고 생각하며 부모와의 대화를 점점 피하게 된다.

아이의 이야기에 공감할수록
자존감이 높아진다

아이들은 부모에게 공감받기 위해 말한다.
핵심어를 짚어내 피드백하는 '핵심어 공감법'을 활용하자.

#1.

"엄마, 내 그림은 정말 형편없어. 난 그림에 소질이 없나봐. 엄마도 학교 다닐 때 나처럼 그림 못 그렸다고 했지?"

아연이가 미술시간에 그린 그림을 꺼내며 하는 말이다.

"응? 언제 그랬어? 엄마는 그림 좋아했어. 넌 못하는 것만 있으면 꼭 엄마 핑계를 대더라."

엄마가 그림을 보며 무언가 더 이야기하려는데, 아연이와 엄마의 대화는 더 이어지지 않았다. 아이가 엄마의 손에서 그림을 획 가져가며 남긴 말만 거실에 메아리쳤다.

"아무튼 엄마하고는 대화가 안 돼."

#2.

현석이는 수학을 싫어하지만 최근에는 나름 열심히 하는데도 성적이 좋지 않아 걱정이다.

"수학이 이렇게 어려울 이유가 뭐야! 이러니 수포자가 많지. 엄마 아빠도 수학 못했지?"

"여기서 엄마 아빠가 왜 나와! 수학을 포기하면 대학도 포기하는 거야. 넌 잘할 수 있어. 열심히 하면 되잖아."

"엄마는 정말 아무것도 몰라. 말이 안 통해."

"엄마가 왜 몰라. 어쨌든 수포자는 안 돼. 알았지?"

부모는 아이가 자신의 우월 유전자만 닮기를 바란다. 아이가 못하는 과목에 대한 푸념이나 재능이 없는 것 같다는 말을 하면서 시무룩해 있을 때, 혹은 의기소침해 있을 때 어떻게든 격려하며 기운을 불어넣고 싶다.

속으로는 안타깝고 속상하지만 애써 마음을 다독이며 아이에게 나름의 위로를 건네기도 한다. "넌 잘할 수 있어" "이만하면 잘 한 거야" "열심히 하잖아" 하며 아이의 노력에 대한 칭찬도 한다. 그런데도 중간에 대화가 끊기고, 엄마하고는 말이 안 통한다는 말만 돌아온다. 옳은 말을 할수록 아이는 엄마와 말이 안 통한다고 한다. 왜 그런 걸까? 아이는 부모가 어떻게 해야 말이 통한다고 느낄까?

말의 순서를 바꿔보자. 조언이나 충고는 뒤로 하고 먼저 아이의 말에 공감하는 거다. 아이는 먼저 자신에게 공감해주기를 바란다. 때로 칭찬이든 격려든 조언이든 그런 말은 들어도 좋고 안 들어도 좋다. 부모가 아이의 말에 진심으로 공감하면 아이는 스스로 문제의 해결책을 찾을 수도 있다. 부모가 아이에게 해주고 싶은 조언을 아이 스스로 깨닫는 것이다.

아연이 엄마도 아이와 공감이 빗겨나간 경우다.

"제가 아연이 그림에 대해 칭찬할 사이도 없었다니까요"라는 엄마의 말처럼 아이와의 공감대화는 타이밍도 중요하다.

현석이 엄마도 상황은 비슷했다.

"애가 무조건 엄마 아빠 타령만 하니 듣기 싫었지만 그래도 너는 잘하는 편이다, 노력하는 아들이다, 이런 말을 하려고 했는데 아이가 끝까지 듣지를 않아요."

공감받지 못할 때 아이들은 엄마의 말을 끝까지 듣지 않는다. 첫 만남의 이미지가 중요하듯 첫마디에 공감의 언어를 사용해보자. 두 엄마의 공통점은 아이들이 부모의 약점을 말하는 것으로 들려서 그 부분을 먼저 지적했다는 것이다. 아이들은 엄마 아빠를 탓하고 싶은 게 아니라 그렇게라도 자신의 부족한 부분을 덮으려고 한 것이다. 그래야 자존심이 덜 상하니까 그렇다.

그럼 공감의 말은 어떻게 하는 게 좋을까? 섣불리 독심술사처럼 무조건 "속상했겠구나" "화났겠구나"라고 엄마 마음대로 아이 감정을 공감하려 하면 대화가 빗나갈 수 있다. 기쁠 때는 공감이 수월하지만 아이가 속상하거나 안타까울 때는 신중한 공감이 필요하다. 이럴 때는 아이의 말에서 핵심어를 가져와 공감하는 게 좋다.

아이의 말 중에서
핵심어를 찾아 피드백하자

"엄마, 내 그림은 정말 형편없어. 난 그림에 소질이 정말 없나봐. 엄마도 학교 다닐 때 나처럼 그림 못 그렸다고 했지?"

아이가 말한 핵심어는 무엇일까? 아이가 무엇을 공감받고 싶어 하는지 알 수 있는 말이 바로 핵심어다. 그림이 형편없다는 말은 자신에게 소질이 없는 건 아닐까에 대한 걱정에서 비롯된 말이다.

"우리 딸, 그림이 형편없다고 생각해?" 하는 정도면 좋다. 아이의 말 중에서 피드백을 하면 가장 잘 전달된다. 예를 들어 엄마가 "우리 딸, 그림 못 그려서 속상했어?" 하면 "누가 속상하다고 했어? 형편없다고 했지"라고 할 수도 있다. 마음이 불편할 때는 말꼬투리 잡기 선수가 될 수 있으므로 아이가 사용한 단어를 활용하는 게 안전하다. 현석이 엄마의 경우는 핵심어를 사용했지만 왜곡해 사용한 경우다.

"수학이 이렇게 어려운 이유가 뭐야! 이러니 수포자가 많지."

"수학을 포기하면 대학도 포기하는 거야. 넌 잘할 수 있어."

현석이가 말하고자 했던 건 무엇이었을까? '수포자'가 핵심이 아니라 수학이 어렵다는 것, 즉 자신이 수포자가 될까봐 걱정이 되는 마음을 말하고자 했던 것이다. 이 마음을 헤아리고 '너를 이해해' 하는 마음을 느끼게 하는 것이 공감이다. 핵심어 피드백을 잘하면 공감이지만 그렇지 않으면 아이와 부모가 서로 엇나가며 감정만 나쁘게 한다. 사실 엄마는 아이가 무엇을 말하는지 너무도 잘 안다. 핵심어를 파악했지만 그것을 인정하는 게 두려워 인정하지 못할 때도 있다. 아이의 패배감에 동조하는 것 같아서다. 하지만 공감을 받으면 아이는 위로를 받으며 한결 유연한 사고를 갖게 된다. 이때부터는 엄마가 이래라저래라 조언하지 않아도 스스로 문제를 진단하고 해결의 실마리를 찾아나간다.

핵심어를 연결해 진심을 담아 "수학이 어렵지만 열심히 했는데도 결과가 안 좋으니까 수포자가 될까봐 걱정이구나"라고 말했다면 아이도 이렇게 말하지 않았을까?

"하지만 해봐야지. 수학은 나만 어려운 게 아니거든."

아이들은 공감받기 위해
말한다

공감에도 노하우가 있다. 과장된 공감이 필요한 시기는 영아기나 유아기 초기 정도다. 이후에는 가감 없이 아이의 마음을 헤아리는 게 공감의 비법이다.

"뭘 못 그려. 훌륭해. 너무 잘 그렸는데" 하면서 과장하면 아이의 감정과 만나지 못하고 공감과도 멀어진다.

또 하나 주의할 일은 "엄마도 그림 못 그렸다고 했지?"라는 아이의 말에 부모가 예민하게 반응하면 공감은커녕 아이와 대화가 끊어지고, "아무튼 엄마하고는 대화가 안 돼"라는 말만 듣게 된다.

아이가 부모에 대해 원망의 말을 하더라도 크게 선을 넘지 않았다면 넘어가는 게 좋다. 잘하고 싶은데 안 되면 마음이 약한 아이들은 '누구 때문'이라는 말로 '내 잘못은 아니야'라며 스스로를 위로하고 싶은 것이다.

이제 아이의 말에 공감해보자. 공감은 경청과 톱니바퀴처럼 물려 있으므로 너의 말을 잘 듣고 있다는 표시를 해주면 공감 효과가 높아진다. 공감을 받은 아이, 공감을 한 부모 모두 자존감이 높아지는 뿌듯함을 느낄 것이다.

 공감으로 자존감 높이는 3가지

1. 아이가 하려는 말의 '핵심어'를 잘 찾는다.
2. 아이의 말 중간에 판단하는 말을 하지 않고 '끝까지' 듣는다.
3. 아이의 말에서 찾은 '핵심어'로 피드백하며 '공감'한다.

공감대화에서 단정적인 '~구나'를 조심하라!

유치원 현관에서 우는 아이에게 "슬프구나"라고 말했더니 아이가 "아뇨, 그냥 엄마가 보고 싶어요"라고 말했다.

이렇게 아이의 감정을 다 안다는 듯한 단정적인 '~구나'는 위험이 있다.

아이의 감정은 아이에게 물어보는 게 정확하다. 그래야 공감하기에 좋다. 자꾸 감정을 잘못 읽으면 공감대화에서 벗어난다.

"슬프니?"와 "슬프구나"의 차이를 아는 것이 공감대화에서 중요하다. 속상하다, 화나다, 마음이 아프다 등 공감대화에서는 감정을 나타내는 용어를 특히 유의해서 사용하자. 공감하려면 감정을 깊이 이해해야 하기 때문이다.

아무리 부모라도 아이의 오묘한 감정을 다 찾아내기란 어렵다. 단정하지 말고 아이에게 감정을 물어보자. 이때 묻는 말, '왜'에는 따뜻함과 부드러움을 담는 게 정말 중요하다.

예를 들어 아이가 울고 있을 때 "슬프구나"라는 단정보다 포근히 감싸안아 몸으로 먼저 공감해주고, 그다음 "왜 우는지 엄마한테 말해줄래?" 하고 마음을 담아 물어보아야 한다. 평소에 '왜'라는 말을 다그치듯 사용했다면 "무슨 일 있었니?" "어떤 일인지 말해줄래?" 등 '어떤' '무슨'을 사용하면 좀더 편안하게 전달될 수 있다.

아이의 감정을 이해할수록
자존감이 높아진다

아이는 부모에게 자신의 감정을 이해받기를 원한다.
부모가 아이의 감정을 이해하면 아이도 이해심이 생긴다.

#1.

"제기차기를 했는데 딱 두 개 차이로 졌어."

학교에서 돌아온 아이가 안타까운 듯 투덜거린다.

"몇 개만 더 했어도 이길 수 있었는데⋯."

엄마는 아이의 기분을 풀어주고 싶어 마침 준비해둔 간식 이야기를 했다.

"기분 나빴겠다. 간식 먹으면서 기분 전환할까?"

"됐어. 지금은 안 먹어."

엄마는 아들의 유쾌하지 못한 감정을 이해한다는 듯 풀어주려고 노력한다.

"질 수도 있지. 뭘 그런 걸 갖고 그래. 얼른 기분 풀고 간식 먹자. 엄청 맛있어."

하지만 아이는 엄마의 말에 더이상 대꾸하지 않는다.

#2.

"엄마 말 잘 들어. 너 그렇게 하면 다시는 우리집에 친구 못 부르게 할 거야. 친구 집에도 못 가. 왜 그런지 너도 알지? 친구가 왔으면 양보도 하고 그래야지."

아이가 뾰로통한 얼굴로 대답한다.

"걔가 내 물건 만지는 거 싫다고."

"그럼 너 혼자 놀아야지. 네가 주인이잖아. 왜 그렇게 이기적이야? 너밖에 몰라? 양보도 하고 그래야지."

아이는 조금 전에 다녀간 친구에게 양보하지 않았다고 엄마한테 길게 야단맞고 있는 중이다.

"왜 그렇게 이기적이야?"라고 야단맞는 아이는 엄마를 이해할 수 없을 것이다. 유아기와 초등학교 저학년 시기는 자기만 아는 게 정상이다. 뇌발달 단계상 그렇다. 이 시기에는 입장을 바꾸어 생각하기가 쉽지 않다. 친구의 물건을 빼앗고 나서야 무언가 문제가 있음을 느낄까 말까다. 어른들은 '예측'을 하고 결과를 예상하지만 아이들의 경우는 다르다.

어떤 엄마는 동생의 간식을 냉큼 먹어버린 7세 아들을 향해

"넌 양심도 없냐?"라고 했다고 한다. 그 이야기를 들은 다른 엄마들은 웃음이 터졌다. 7세 아이는 아직 양심이 있을 만한 나이가 아니라는 걸 부모들도 알기 때문이다. 아이 발달을 이해해야 아이의 자존감도 키울 수 있다.

아이의 감정을
이해하는 말

제기차기에서 졌다고 기분 나빠하는 아들에게 엄마는 어떻게 반응해야 할까? 엄마는 아이의 기분을 전환시키려 했다. 하지만 엄마가 시도한 "간식 먹자"라는 말은 아이의 나쁜 감정을 좋은 감정으로 대체시키지 못했다. 아들은 엄마의 생각처럼 쉽게 기분이 좋아지지 않았고, 불쾌한 감정 그대로 방으로 들어가버렸다. 간식보다 더 중요한 것이 해결되지 않았기 때문이다.

아이는 지금 자신이 느끼는 안타까운 마음을 해소하고 싶다. 감정 대체가 아닌 감정 이해, '내 마음을 알아줘'가 이 순간 아이가 필요로 하는 감정 이해다. '딱 두 개 차이로 져버린' 제기차기에 대한 안타까운 마음에 대해 반응하는 것이 간식보다 먼저다.

"제기차기를 했는데 딱 두 개 차이로 졌어요."

"기분 나빴겠다. 간식 먹으면서 기분 전환할까?"

엄마가 "기분 나빴겠다"라고 호응은 해줬지만 너무 빨리 간식

이야기를 꺼냈다. 마치 아이의 감정은 아무것도 아니니 그 정도로 해두고 얼른 다른 것이나 하자는 느낌이 든다. 조금만 아이가 이야기를 더 하도록 감정을 받아주는 대화가 필요하다. 실제로 해보면 아이의 마음이 풀어지는 데 오래 걸리지 않는다는 걸 알게 될 것이다.

"어머, 두 개 차이로 졌어?"

"응, 너무 아쉬워."

"그래, 너무 아쉬웠겠다."

"하지만 할 수 없지 뭐. 다음에 잘 하면 돼."

엄마가 한 말이라고는 아이의 감정에 대해 '알아주는' 것뿐이었는데 곧 아이 스스로 현명한 결론까지 내렸다. 만약 아이의 감정에 대해 "뭐 그런 것 갖고 그러냐"라고 했다면 아이 마음을 풀어주려는 시도였어도 '감정 무시'로 전달될 수 있다. 또는 "속상하지만 다음에 잘하면 되지"라고 했다면 아이 감정은 깊이 돌보지 않고 엄마가 결론만 내리는 것이 되어버린다. 아이의 감정을 풀어주려는 선한 의도였어도 아이의 감정만 더 꼬이게 할 수 있다. 아이들이 자주 하는 말, "엄마랑은 말(마음)이 안 통해"는 이런 연유로 나오는 것이다.

아이가 가진 질투심, 승부욕, 미움, 슬픔, 시기심 등 다양한 감정을 이해하면 아이의 공감능력이 발달하고 역지사지가 가능해지며, 양보와 배려의 고차원적 도덕심도 발달할 수 있다. 부모가 아이의 감정을 먼저 알아주고 이해해주면 된다.

아이의 감정을 이해해주면
아이의 공감능력이 발달한다

7세 아이에게 "네가 먼저 양보해야지"라는 말을 하는 것은 하나마나 한 이야기다. "걔가 내 물건 만지는 거 싫어"라고 하는 아이에게 "양보도 하고 그래야지"라는 말은 듣기에만 좋을 뿐 실효성은 없다. 아이의 감정을 먼저 이해해주는 현명한 엄마와 아이의 이야기를 들어보자. 감정을 이해받은 아이는 엄마가 할 다음 이야기도 스스로 이끌어낸다.

"걔가 먼저 뺏어서 속상했어?" 하며 아이의 빼앗긴 마음, 그래서 속상한 마음을 먼저 알아주면 아이가 고개를 끄덕이며 감정을 해소하기 시작한다.

"응, 그래서 내가 뺏은 거야."

"아, 그래서 뺏은 거구나."

이번에는 엄마가 고개를 끄덕이며 너의 마음을 이해한다는 듯 침묵한 채 아이에게 무언의 공감을 표시했다. 마치 버락 오바마(Barack Obama)의 '51초 침묵의 연설'처럼 말 없이 표정으로만 아이에게 말을 건 것이다. 그러자 아이가 먼저 말했다.

"그런데 엄마, 다음에는 안 뺏고 말로 할게."

"응, 어떻게 말로 할 건데?"

"친구야, 그거 내 거야. 이리 줘. 이렇게 말할게."

아이의 감정을 윽박지르지 않고 존중해주면 아이 스스로 자신이 무엇을 잘했고 잘못했는지, 지금 자신의 감정이 정당한지 그렇지 않은지 깨닫게 된다. 엄마는 아이가 감정을 조율하도록 감정을 이해해주는 역할만 하면 된다.

학교에서 돌아온 아이가 신발을 벗어던지며 "선생님은 나만 미워해"라고 했을 때 그동안은 "네가 잘했으면 선생님이 왜 미워해?"라고 말했다면, 이제는 감정만 이해해주는 말을 했을 뿐인데 아이의 감정이 어떻게 바뀌는지 그 효과를 느껴보자. "선생님이 우리 딸만 미워해?" 하고 아이의 속상한 감정을 이해하면 더 묻지 않아도 아이가 줄줄이 말할 것이다. 아이 스스로 감정을 체크하도록 감정의 물꼬만 터주자. 아이는 선생님의 입장에서도 생각해보는 계기를 갖게 된다. 엄마가 아이의 감정을 먼저 알아주면 관계망이 튼튼해지고 아이의 자존감도 건강해진다. 일일이 아이의 감정을 분석해주느라 애쓰지 말자. 애쓴 보람도 없이 아이와 관계만 나빠질 뿐이다.

강요하지 않아도 쑥쑥 커지는
양보와 배려심

"내일 아빠 일찍 일어나셔야 해서 지금 주무셔야 하니까 조용히 놀아"라는 엄마의 말에 "응" 하고 대답한 아이가 5분도 안 지나서 잊어버리는 이유는 뇌발달상 타인의 입장을 이해하는 데 한계가 있기 때문이다. 초등학생 정도는 되어야 자기개념도 생기고, 역지사지도 안다. 양보하라는 말도 무리다. 양보하고 싶게 만들어야 한다. 아이의 기분이 좋을 때 양보하는 연습을 하고 역할놀이를 통해 이해하도록 돕자.

아이 감정을 알아주는 '만약에' 놀이가 있다. "만약에 친구가 없다면?" "만약에 친구가 우리집에 안 놀러 온다면?" "만약에 친구가 내 물건을 만지면?" "만약에 친구와 함께 간식을 먹게 된다면?"과 같은 질문을 통해 아이가 스스로의 감정을 깨닫고 적절한 행동을 선택하도록 도와줄 수 있다.

아이 감정을 표현하는 '그때는' 놀이도 해보자. '만약에'를 변형시킨 '그때는' 상황극은, "친구가 오면 그때는 어떤 인사로 맞이할까?" "친구가 내 장난감을 만지면 그때는 뭐라고 말할까?" 등으로 공감능력을 키워주는 것이다. 혹은 책을 읽어준 후 "이럴 때 콩쥐의 마음은 어떨까?" "네가 팥쥐라면 어떻게 말하면 좋았을까?" 등으로 아이의 공감능력을 키워주는 것도 좋다.

'만약에'와 '그때는' 놀이는 아이가 자신의 감정을 최대한 표현하게 하고 상대에 대한 감정도 이해하게 하는 데 알맞다. 유아기와 초등학교 저학년 시기는 배려와 양심이 풍부한 시기가 아니다. 이 시기에는 부모가 보여주는 배려로 아이로 하여금 배려가 무엇인지 알고 배우게 해야 한다. 아이의 감정을 이해하는 방법 중 '자기 소유'에 대한 아이의 갈망을 이해하는 것도 매우 중요하다. 아이와 의논해서 친구가 오면 만질 것 같은 장난감, 그래서 아이의 기분이 상할 우려가 있는 장난감은 미리 치워두는 것도 아이의 감정을 이해하는 엄마의 적극적인 표현법이다. 아이의 감정을 이해하면 아이도 이해심이 생긴다. 타인조망능력, 배려, 양보, 타협 등은 이해심이라는 바탕에서 발휘된다.

 아이의 감정을 이해하면 나타나는 효과

1. **아이 스스로 자신의 감정을 돌아본다.**
   부모가 아이의 감정을 이해하면 아이는 정서적 안정감을 토대로 자신의 문제를 생각할 수 있다.
2. **존중받는 느낌을 받는다.**
   어떤 문제나 복잡한 감정이 생겼을 때 부모가 감정을 일방적으로 정리하거나 섣부른 위로를 하면 혼란만 준다.
3. **감정을 이해하면 대화가 지속된다.**
   아이가 감정을 이해받지 못하면 마음의 문을 닫고 대화를 포기한다.
4. **아이가 격한 감정에 거친 말을 사용할 때는 '단어'에 초점을 두지 않고 감정에 초점을 둔다.**
   "그 애들은 다 바보들이야. 자기만 아는 나쁜 애들이야."라고 아이가 말할 때, "바보라는 나쁜 말은 하지 말아야지" 하는 것보다 "친구들이 나쁘다고 생각하는구나. 무슨 일이 있었니?"라고 감정에 초점을 둔 질문을 건네야 한다.
5. **아이 스스로 바른 판단과 결정을 한다.**
   아이의 감정을 이해하며 대화를 지속하면 부모가 직접 가르치지 않아도 아이는 부모와의 대화를 통해 스스로 깨닫고 판단한다.

부모의 좋은 질문은
아이를 한층 성장시킨다

아이의 자기이해지능을 높여주면 어떤 문제도 헤쳐나갈 수 있다.
아이에 관한 '질문'으로 아이가 자신을 성찰할 수 있도록 도와주자.

아들과 어학연수를 다녀온 엄마와 상담한 사례다.

어느 날 아들의 수업 시간에 주제에 따라 자신에 대해 발표하는 시간이 있었다고 한다. 어떤 아이가 '스킬'이라는 주제에서 "마이 스킬 이즈 포지티브 퍼슨(positive person)"이라고 발표해서 선생님께 칭찬을 받았다며 아이가 부러운 듯 말하더란다.

다음은 그날 아이와 엄마가 나눈 대화 내용이다.

"엄마, 스킬의 뜻이 뭔지 알아? Skill!"

아이가 스킬의 스펠링을 또박또박 말한다.

"음, 스킬? 기술이란 뜻이지."

"아니. 그거 말고. 스킬은 Talent라는 뜻도 있대. 탤런트, 재능."

"오, 그래? 그런 뜻도 있었어? 우리 아들 오늘도 열심히 공부했구나! 연수 온 보람 있네."

엄마는 그 사이에 사전을 찾아보고 "스킬이 Ability, Art라는 뜻도 있네" 하는데 정작 아들이 하고 싶은 말은 단어의 뜻이 아니었다. 엄마는 아이와 이야기 나누다 문득, 아들은 자기소개를 어떻게 했는지 궁금해서 물었다.

"너는 어떻게 소개했어?"

"나는? 음, 나는 오카리나 잘 불고 열심히 공부하는 학생이라고 했어."

"그런데 어떤 주제로 공부한 거야? 좀 보자."

아이가 펼친 책 페이지를 살펴보니 Name-Hobby-Hometown-Family-Dream-Skill-Motto 순으로 각 주제에 맞게 자신의 이야기를 하는 것이었다.

자신에 대해 만족하게 말하지 못했는지 아이는 "솔직히 다 아는 건데 금방 안 떠올랐어. 다시 하면 잘할 수 있을 텐데…"라며 아쉬워했다. 멋지게 자기소개를 하고 선생님께 칭찬도 받고 싶다며 의기소침해하는 아이를 보면서 엄마는 많은 생각이 들었다. 이를 계기로 엄마는 아이에게 "너는 누구니?"라는 '질문'을 자주 하는 시간을 가져야겠다고 결심했다.

아이가 자신에 대해 말할 수 있게
'질문'하는 부모

내 아이는 Name-Hobby-Hometown-Family-Dream-Skill-Motto를 어떻게 말할지 생각해보자. 이 주제를 관통하는 것은 한 가지다.

"너는 누구니?"

이 평범한 질문은 결코 평범하지 않다. 아이의 재능을 이끌어내는 질문이며 자아정체성 형성에 도움이 되는 질문이다. 이 질문은 아이가 자신에 대해 말하는 기회가 있을 때 당당하고 멋지게 '자기소개'를 하게 한다. 이 소소한 질문이 가진 위력이 또 있다. 아이로 하여금 '자기성찰'을 하게 해서 '자기이해지능'을 높인다는 사실이다. 구체적으로 알아보자.

'설마 우리 아이가
자기 자신도 모르겠어?'

먼저 내 아이가 이런 질문을 받았을 때 얼마나 잘 이야기할 수 있을지 생각해보자.

"너는 누구니?"

"너에 대해 말해줄래?"

부모 자신도 생각해보자.

'나는 나에 대해 무엇을, 어떻게 말할 수 있을까?'

너무도 잘 알고 있다고 생각하는 자기 자신에 대해 어쩌면 잘 모를 수도 있다. 설령 자신에 대해 알더라도 '아는 것'과 그것을 정리해서 '말할 수 있는 것'은 다른 능력이다. 막연함과 구체적인 것에는 엄연히 차이가 있다. 내 아이가 자신에 대해 구체적으로 말하고, 쓸 수 있도록 이런 질문을 자주 하자.

"너는 어떤 사람이야?"

아이가 이 질문을 받았을 때 30초 또는 1분 정도는 말할 수 있도록 해주자. 일명 자기소개 혹은 자기이해지능의 기초도 이것으로부터 시작한다. 나를 아는 것, 자기를 이해하는 것이 모든 것의 기본인 것이다.

"너에 대해 말해줄래?"

이 짧은 질문이 얼마나 큰 의미가 있는지 살펴볼수록 놀랍다. 부모에게 이런 질문을 자주 받은 아이는 스스로 그리고 수시로 자신에게 물어볼 것이다.

'나는 누구지?'

이 물음을 통해 아이는 이 세상에 하나밖에 없는 소중한 존재로서의 자기 자신을 알게 된다.

내 아이는 자신에 대해 잘 아는가, 그것을 언어로 잘 표현할 수 있는가를 잘 살펴보자. 초등학생 정도는 되어야 알지 않겠냐고 생각하기보다 3~4세부터 자기에 대해 말할 수 있는 아이로 키우자. "너는 누구니?"라는 질문은 어린아이에게는 어렵고 광범위한 질문일 수 있으므로 구체적으로 쪼개서 물어봐야 한다.

"너는 무엇을 좋아해?"

"왜 그게 좋아?"

이런 질문을 통해 아이는 자신에게 묻고, 생각하고, 답하면서 자신이 좋아하는 것과 싫어하는 것, 자신의 장점, 가치관, 꿈, 비전 등으로 질문의 범위를 점점 확장해 나갈 것이다.

'나는 무엇을 좋아하지?'

'왜 좋아하지?'

'어떨 때 기분이 좋지?'

'기분이 안 좋을 때 나는 어떻게 하지?'

'내가 중요하다고 생각하는 건 무엇이지?'

부모의 질문에 답을 하면서 아이는 자신을 알아가고 자신이 무엇을 원하는 사람인지 알아간다. 이것은 곧 아이가 자기성찰을 하는 것이며 자기이해지능을 높이는 과정이 된다. 자기성찰이라는 말이 거창해 보이지만 "너는 무엇을 좋아해? 왜 좋아해?"라는 간단한 질문만으로도 가능하다. 아이는 스스로에 대해 생각해보고 자신을 알아가며 이해하기 때문이다.

　부모의 '평범한 질문'이 아이의 '비범한 재능'을 펼치게 하는 기초가 된다. 부모가 던지는 사소해 보이는 질문은 결코 사소하지 않다. 그러므로 부모는 아이에게 묻고 또 물어봐야 한다.

부모의 '질문'은
아이의 '꿈'을 디자인한다

　좋은 질문은 생각을 키운다는 말이 있듯 부모의 좋은 질문은 아이의 생각을 키우는 것을 넘어 아이의 세계를 넓혀준다. 부모의 질문에 아이는 자신에 대해 더 깊이 생각하고 정리할 기회를 얻는다. 좀 더 나아가 아이가 꿈을 키우고 비전을 갖게 하는 계기가 된다.

　다만 부모의 질문이 부담스럽거나 무거운 주제가 아니어야 한다. 가볍고 즐거운 질문도 가능하다. 즐거운 생각과 상상을 할 수 있는 질문이라면 더 좋다.

　"너는 어떤 아이스크림을 좋아해?"

　"너는 어떤 친구를 좋아해?"

　"초콜릿 아이스크림을 먹을 때 정말 좋다고? 그렇구나. 또 어떨 때 정말 좋아?"

"그 친구가 재밌는 얘기를 많이 해서 좋아? 너도 재밌는 얘기 알고 있으면 엄마한테 해줄래?"

대답이 정해져 있지 않은 열린 질문이라면 더욱 좋다. 어떤 대답을 하든 아이의 생각을 들을 수 있기 때문이다. 대화하는 동안 부모는 살짝살짝 추임새를 넣거나 아이의 생각을 정리해주고, 확인시켜주는 말을 하면 좋다. 친구에 대한 질문을 통해 아이가 좋아하는 취향의 친구나 인간관계관에 대해서도 알 수 있을 것이다.

"그래? 그 친구가 파일럿이 되면 비행기 태워준다고 해서 그 친구가 좋구나. 넌 가수가 되면 콘서트 초대장 보내준다고 했어?"
"아, 그 친구는 인기가 많아서 너도 그 친구를 좋아하는구나. 그 친구는 왜 인기가 많은 것 같아?"

'자기이해지능'을 높이는
부모의 질문

아이와 나누는 일상의 가볍고 즐거운 질문은 아이가 좋아하는 과목이나 꿈이 무엇인지까지 자연스레 확장될 수 있다. 부모가 자녀에게 좋은 질문을 하고 그에 대해 자녀가 한 대답에 관심을 가지면 자녀는 자신이 무엇에 행복감을 느끼는지 자신을 성찰하는 자기이해지능이 높아진다.

IQ가 유일한 종합지능이라는 신화를 깨고 인간의 지적 능력에는 다양한 종류가 있다는 '다중지능이론'을 창안한 하워드 가드너(Howard Gardner)는 여러 지능이 유기적으로 작용하는 특징이 있다고 했다. 특히 자기이해지능은 다른 지능들을 발휘하게 하는 데 중요한 역할을 한다는 것이다.

자기이해지능이 높은 아이는 자신이 가진 논리수학지능, 언어지능 등의 재능을 어떻게 유기적으로 연결할지, 어떻게 자신과 사회, 인류에 유익하게 공헌할 것인지 생각하며 '진짜 성공'을 향해 나아간다. 재능을 펼치는 과정에서 난관에 부딪히더라도 자신에게 묻고 성찰하며 다시 재정비해 나아가는, 멘탈이 강한 자아를 가졌기 때문이다. 자신에 대해 알지 못하고 재능만 믿고 나아가는 사람과는 사뭇 다르지 않은가.

아이가 자신에 대해 알고 이해하는 자기이해지능을 높여주자. 목표는 거창해도 아주 단순하지만 좋은 질문, "너는 누구니?"로부터 시작된다. 부모의 이 질문이 아이를 한층 더 성장시키고 재능을 이끌어낸다. 이 물음에 대한 답을 찾으며 아이는 자기를 알아가고 설명할 수 있는 능력을 갖춘다. 이 능력은 장차 아이가 원하는 곳, 이루고자 하는 것에 닿도록 도울 것이다. 어떤 어려움에 부딪히더라도 자신을 잃지 않을 자기성찰과 자기 이해의 질문을 자신에게 할 줄 알기 때문이다.

'나는 누구지?'

이 짧은 질문으로 아이는 자기 자신을 찾고 역경을 극복할 방법, 회복 탄력성을 높일 방법, 문제해결 방법까지 찾는다. 자신을 아는 아이, 자기이해지능이 높은 아이가 마침내 역경을 극복하고 헤쳐나가며 결국 원하는 것을 이뤄내는 것이다.

부정적인 감정을 받아들이면
자존감이 높아진다

아이의 부정적인 감정을 먼저 받아들여야 부모의 말이 전달된다.
감정적으로 편안해진 상태에서 전두엽의 기능이 발휘되기 때문이다.

"아이가 조금만 징징거려도 못 견디겠어요. 그래도 이때까지는 '울지 말고 말해. 그래야 알아듣지' 하며 좋게 표현했어요. 그런데 아이가 이제 엄마를 좀 아니까 얼른 '알았어'라고 하기는 하는데, 여전히 얼굴은 잔뜩 찡그리고 불만이 가득 차 있어요. 그 모습을 보면 참았던 화가 나요. 어떨 때는 저도 '가서 거울 좀 봐. 어릴 때는 밝고 씩씩해야지. 도대체 세상 근심 다 짊어진 것 같이 왜 그래. 정말 속상해' 하고 폭발해요. 마치 저를 보는 것 같아 더 속상해요. 왜 아이가 밝지 않고 늘 불만투성일까요?"

엄마의 바람은 아이가 아이답게 밝았으면 하는 거다. 우울감을 많이 느끼는 엄마일수록 아이가 어두우면 더 견디기 힘들다. 우울감이 없는 엄마라도 마찬가지다. 대부분의 부모는 내 아이의 부정적인 감정을 평온한 마음으로 대하지 못한다. 내 아이만큼은 누구보다 환하게 웃고 행복했으면 하는 마음 때문에 아이가 징징거리거나, 울거나, 짜증이 많으면 부모도 모르게 화가 난다. 당장 아이의 부정적인 감정을 긍정적인 감정으로 바꿔주고 싶고 고쳐주고도 싶다. 이때 이런 조급한 마음에 아이의 자존감을 결정적으로 망치는 말을 하게 된다.

부모가 망치는
아이 자존감

과연 부모가 아이의 감정을 고치고 바꿔줄 수 있을까? "웃어" 하면 아이가 웃을까? 웃으라는 명령보다 아이가 웃을 수 있도록 내면을 바꾸는 배려의 말이 필요하다. 아이의 부정적인 감정을 받아주어야 내면에 변화가 일어나 그 기운이 얼굴로 전해진다. 그래서 아이의 부정적인 감정을 받아들여주는 누군가가 필요하다.

그 누군가가 바로 부모여야 한다. 아이가 가장 사랑하는 부모가 아이의 부정적인 감정을 알아주면 그때야 아이가 바뀐다. 부모는 아이가 슬플 때 함께 슬퍼할 수 있는 존재다. 하지만 대체로 아이가 부정적인 감정을 내비칠 때 부모는 그 감정을 받아들이는 게 쉽지 않다. 그러다 보니 아이의 감정을 부정하며 부모의 감정을 앞세우는 말부터 하게 된다. 아이의 불편한 감정을 대하는 부모의 태도가 정말 중요한 이유다.

"찡그리지 좀 말고 웃어" "울지 말고 말해"

이런 말이 아이의 자존감을 망친다. 아이를 마치 정체성 없는 사람 취급하는 말이자, 아이의 감정을 무시하는 말이기 때문이다. 이럴 때는 아이 감정에 이름을 붙이게 해 아이 스스로 자신의 감정을 느끼고 인정하도록 해야 한다. 그러면 아이가 자신의 감정을 조절하는 주체가 되어 자존감 높은 아이로 자랄 수 있다.

자신의 감정을 제대로 표현하기 어려워하는 영유아기 아이라면 엄마가 아이의 감정을 정리하는 말을 자주 들려주는 게 좋다. "화내지 마"라는 말보다 "화났어?"로 표현하는 것이다. 화를 내지 말라는 말은 아이의 감정을 조종하려는 의도를 담고 있는 반면 "화났어?" "아, 그래서 화가 났구나"라는 말은 아이의 감정을 엄마가 궁금해하고, 어루만지는 말이기 때문이다.

"화났어?" "많이 슬펐어?" "무서웠니?" 등 감정에 '화' '슬픔' '무서움' 등의 이름을 붙여 표현하게 하면 아이가 자신의 감정을 표현하는 도구로써 언어를 제대로 사용하게 된다는 장점이 있다. 아이가 자신의 감정을 언어로 표현하는 방법을 알게 되면 바람직하지 않은 행동 대신 언어로 감정을 표현하게 된다.

부정적인 감정을 이해받으면

아이가 밝아진다

"너 누가 물건 던지랬어. 이리 와봐. 혼나야 해."

이 상황을 아래와 같이 분석해보면 엄마의 의도와 아이가 받아들이는 생각이 크게 다르다는 것을 알게 된다.

- 엄마의 의도: 물건을 집어던진 것은 고쳐야 할 행동이니 이번에 행동수정을 해야겠다.
- 아이의 생각: 나 지금 혼난다.

엄마는 혼내고 싶은 게 아니라 나쁜 행동을 고쳐주고 싶은 의도에서 한 말이었다. 그런데 아이는 자신의 잘못은 인식하지 못하고 단지 '나 지금 혼난다'라는 생각만 하게 된다. 그러니 "이리 와봐"라는 엄마의 말에 "안 가, 안 간다고" 하며 방어를 한다.

엄마 입장에서는 아이가 잘못해놓고 엄마가 부르는데 오히려 대드는 격이다. 그래서 더 화가 난다. 나머지는 우리가 예상한 대로다. 엄마는 혼내고, 아이는 혼나고, 엄마는 화내고, 아이는 운다. 엄마의 의도가 전달되지도 않았고, 아이의 잘못된 행동에 대해서는 접근조차 하지 못하고 어수선하게 마무리된다.

아이의 태도나 행동을 수정하려면 순서가 있다. 엄마가 아이의 부정적인 감정을 먼저 받아들이는 것이다.

"물건 집어던지는 거 나쁜 행동이라고 했어, 안 했어? 화가 나
도 던지지 말고 말로 하라고 했지. 그런데 왜 말을 안 들어!"

이렇게 말하면 구구절절 맞는 말이어도 아이에게는 전달되지
않는다. 먼저 아이의 감정 뇌, 즉 '변연계'의 상황을 알아주는 부
모에게 아이의 마음이 열린다. 아이의 마음이 열리면 귀도 열리
고, 비로소 부모가 전하고자 한 말이 제대로 전달된다.

3개 층으로 이루어진
인간의 뇌

아이의 뇌발달 순서를 알면 왜 부정적인 감정을 받아주어야 하
는지 알 수 있다. 아이는 지금 이성의 뇌인 전두엽이 발달되고
있고, 그것도 초기 발달단계다. 전두엽은 20세 이후까지 발달하
여 완성된다. 영아기, 유아기 아이들에게 완전하게 발달한 뇌 부
위는 1층과 2층 뇌, 즉 뇌간과 감정의 뇌인 변연계다. 두려움, 화,
질투, 미움 등 감정 뇌가 발달한 아이는 부모가 혼내면 두려움과
방어기제가 동시에 가동되면서 변명하거나, 울거나, 떼쓰는 등으
로 방어를 한다.

"엄마, 내가 정말 잘못했어. 다시는 안 그럴게."

이런 말과 태도를 기대한 엄마의 의도와는 완벽히 어긋나는 것
이다. 아이가 부모의 마음을 알아주기를 바란다면 먼저 아이의

감정 뇌(변연계)에 노크해야 한다. 부정적인 감정을 알아주고 받아주는 것이 감정 뇌에 접근하는 방법이다. 그러면 아이의 두려움이 사라지고 비로소 논리적인 부모의 말이 들리게 된다.

아이의 부정적 감정에는 공감으로 반응하되, 아이가 안심한 후에는 전두엽을 가동하도록 차근히 설명한다. 그래야 아이의 자존감의 영역인 조절력이 높아진다.

"아까 화가 많이 났니? 그래서 장난감을 집어던진 거구나. 그런데 그렇게 집어던지니까 장난감이 망가지고 마룻바닥에도 상처가 났네."

물론 이럴 때 부모의 말투가 지나치게 부드러울 필요는 없다. 하지만 절대 감정적이어서는 안된다. 우선 아이의 마음이 진정되어야 부모의 다음 말이 들린다. 그때부터 부모는 아이를 가르치고 더 나은 단계로 나아가게 도움을 준다.

"화가 났을 때 어떻게 표현하는 게 좋을까?" "던지는 것 말고 '나 화났어요'라고 표현할 다른 방법을 찾아보자."

이렇게 부정적 감정을 표현하는 긍정적 대안을 함께 찾아보는 것이다. 자칫 부정적인 감정만 받아주면 그게 고쳐야 할 행동임을 인식하지 못할 수 있다. 앞으로 아이가 바람직한 결정을 하도록 이끌어야 한다.

공감을 해준 이유는 아이의 행동을 다 받아주기 위해서가 아니다. 처음에 부모는 "화났구나"라는 말로 부정적인 감정을 인지하고, 그다음엔 "그래서 그랬구나"라는 말로 공감을 표현해야 한다. 이어서 "하지만 화가 난다고 그런 행동을 하는 것은 안 된다" 하며, 부정적인 감정이 진정된 아이를 훈육한다. 그리고 "어떻게 하면 바람직할까?"라는 말로 고민을 함께 하면서 아이의 문제해결력을 높여주는 것이다.

함께 대안을 찾은 뒤에는 "그래, 잘할 수 있을 거라고 믿어. 기대할게"라는 말로 아이에게 인정과 기대를 담은 말을 해주고, "앞으로 네가 한 행동의 결과는 책임져야 해"라는 말로 책임감을 키워준다. 이때 안심시키는 말을 덧붙인다면 아이는 안정감을 느끼며 부모를 깊이 신뢰한다.

"엄마 아빠의 도움이 필요하면 언제든 말하렴."

이렇게 부모는 아이의 옆에서 동반자처럼, 뒤에서는 정서적 지지자로, 때로는 아이를 이끄는 리더로서의 다양한 역할을 소화해야 한다. 아이의 자존감을 높이는 부모는 언제, 어떻게 그 역할을 해야 할지 잘 찾아낸다. 특히 아이의 부정적인 감정을 잘 대하는 것이 관건이다.

부정적 감정을 대하는 5단계 노하우

- **1단계: 공감해주기**
  아이가 물건을 던졌을 때 "왜 던져. 나쁜 행동이라고 했지?"라는 말보다 "화가 났구나. 기분 나쁜 일이라도 있었어?" "마음대로 안 되는 일이 있었니?" 등의 공감의 말을 한다.
- **2단계: 대안을 제시하기**
  "화났다고 던지면 돼, 안 돼?"라는 질책보다 "화가 났을 때 물건을 던지는 것 말고 다르게 표현하는 방법이 있을 거야" 하며 함께 대안을 찾는다.
- **3단계: 책임감을 일깨워주기**
  "자, 이제 던진 물건은 어떻게 하면 될까?"라는 질문을 통해 책임감을 길러준다.
- **4단계: 정서적 안전기지 제공하기**
  "네가 한 일이니까 알아서 책임져. 새로 사오든지" 하는 말은 아이의 자존감을 키우는 데 도움이 되지 않는다.
  "엄마의 도움이 필요하니?" 등의 말로 엄마는 아이에게 정서적 안전기지가 되어주어야 한다.
- **5단계: 미래행동에 대해 기대하기**
  "다음에 또 그러기만 해!" 하는 위협적인 말이 아니라 아이와 함께 찾은 대안을 확인하며 "그래, 앞으로 잘 할 거라 믿어"라며 기대하는 말로 마무리한다.

'부모가 롤모델'이어야 한다는 말에 육아의 발목이 묶이지는 않았나요? 아이에게 늘 양보하고 끌려가는 것이 바람직한 부모 롤모델은 아닙니다. 부모의 감정도 너무 억누르지 말고 표현하세요. 제대로 표현하면 됩니다. 아이의 욕구와 부모의 욕구가 상충할 때, 아이의 자존감을 깎아내리지 않으면서도 충분히 부모의 메시지를 전할 수 있습니다. 아이가 알아듣는 구체적인 말로, 아이의 의견을 물어보며, 상황과 연령에 따라 상세하게 설명할 것인지 간결하게 말할 것인지 판단해 표현해보세요.

칭찬은 어떻게 해야 아이에게 잘 전달될까요? 부모님이 실수했을 때는 어떻게 해야 할까요? 아낌없이 칭찬하고, 아이를 있는 그대로 인정하며, 미안한 부분을 솔직하게 사과해보세요. 그러면 아이의 내면에 부모에 대한 믿음이 단단해지며 이런 마음이 차곡히 쌓이겠지요.

'우리 엄마 아빠, 참 좋아.'

· 3장 ·

부모의 말, 제대로 표현해야
아이에게 오해 없이 전달된다

아이의 욕구와 부모의 바람을 절충하는 방법을 찾자

아이의 욕구와 부모의 바람이 상충할 때는 절충이 필요하다.
부모의 진심을 담은 '왜'라는 물음에 해답이 있다.

"엄마, 엄마!"

오늘 밤도 또 시작이다. 요즘 들어 아이가 밤만 되면 무섭다며 잠들 때까지 엄마가 옆에 있어야 한다고 운다. 하지만 엄마도 내일 아침 일찍 일어나야 하는 상황이다. 오늘따라 남편도 늦게 들어오니 도움을 청할 사람도 없다. 엄마도 피곤하고 졸려서 짜증이 치민다. "어떻게 하라고? 엄마도 내일 일찍 일어나야 하잖아. 뭐가 무서워. 매일 밤 왜 그러는 건데?"

"무서워 엄마, 가지 마."

"무섭긴 뭐가 무섭다고 그래? 이렇게 불도 켜져 있잖아. 현준이 네가 애기야?"

며칠 전에는 아이를 위해 간접 조명도 설치했다. 그런데 대체 뭐가 무섭다고 그러는 걸까? 엄마도 아이도 힘들다.

'왜 그러는지'를 물어보는 것은 아이의 현재 욕구를 알아내는 데 아주 요긴한 질문이다. 아이를 향한 엄마의 '어떻게' 라는 말도 아이의 욕구를 함께 해결하자는 좋은 의미의 질문이다. 그런데 이렇게 좋은 의미를 담은 '왜'와 '어떻게'가 아이에게 닿지 못하고 허공에 맴돌아 아이의 욕구는 울음으로, 엄마의 바람은 짜증이 되었다.

"왜 그러는 건데?" "어떻게 하라고?"라는 말을 반복적으로 했는데 이유도 방법도 찾지 못했다. 분명한 것은 "왜 그러니?" "어떻게 하면 좋을까?"로 아이의 욕구와 엄마의 바람을 절충할 수 있다는 것이다. 아이의 마음을 알고 싶다는 진심을 담은 '왜'라는 질문으로 아이의 욕구를 알고, 그다음 '어떻게'라는 절충법을 찾아보자.

'왜'를 통해
아이의 욕구를 알 수 있다

현준이는 며칠째 잠들기 전이면 무섭다고 울고 있다. 그동안은 혼자서도 잘 자더니 이제 초등학생까지 되었는데 갑자기 변한 것이다. 엄마로서는 정말 이해가 안 된다. 3월부터 엄마의 직장도 만만치 않게 바빠졌다. 주말에도 일에 치일 정도인데 남편도 일이 바빠졌는지 도통 일찍 들어오지 않는다. 더군다나 아이가 초등학교에 입학하니 엄마의 손길이 더 필요해졌다. 수업도 유치원보다 일찍 끝나고 평소에 아이를 맡아주시던 부모님도 며칠 부재 중이시다.

말 그대로 모든 상황이 엎친 데 덮친 격인데, 아이는 도대체 왜 그러는지 밤마다 엄마를 잡고 늘어진다. "아들 사랑해" "엄마 사랑해" 하던 모자 사이의 표현은 온데간데없이 사라지고, 팽팽한 신경전만 늘어갔다.

"왜 그러는 건데. 엄마도 힘들어. 말을 해야 알지. 왜 그러는 건데" 하고 아이에게 물어봐도 "무서워, 무서워"라고만 하니 엄마는 이제 물어보기도 싫어진다.

"뭐가 무섭다고 그래. 그동안 혼자서도 잘 잤잖아. 방도 똑같고, 불도 켜놨는데."

엄마는 나름 '왜' 무서운지를 물어봤다. 그런데 "왜 그러는 건데. 엄마도 힘들어"라는 말은 아이에게 물어보는 말이 아니다. 엄마의 말속에는 이런 생각이 들어 있지 않았을까?

'그동안 잘 잤고, 이제 초등학생도 되었는데 뭐가 무섭다는 거야. 어쨌든 무섭다고 해서 간접 조명도 설치해 켜놓았잖아. 할 만큼 했어. 응석부리지 마. 엄마도 자야 해.'

이런 마음으로 물어보는 '왜'는 아이를 위한 질문이 아니란 것을 아이가 먼저 알아차린다. 이유를 다 안다는 선입견을 내려놓고 궁금하다는 마음을 담은, 진심을 담은 '왜'로 물어보아야만 아이의 욕구와 엄마의 바람을 절충할 수 있다.

이유 없이 울고, 엄마를 괴롭힌다고 생각하는 괴로운 마음에서 나오는 '왜'는 아이를 위한 질문이 아니다. 아이의 욕구를 알고 싶다는 엄마의 마음을 담은 순수한 질문으로 물어보아야 아이는 마음을 열어 보여준다.

아이는 지금 바라는 게 있다. 하지만 아이 자신도 그걸 잘 찾아내지 못해서 더 불안할 때도 있다. 아이 안에서 꿈틀대는 욕구를 말하게 하려면 잘 물어보고 잘 들어주어야 한다. 그래야 아이에게 부모의 바람도 전할 수 있다. 이것이 아이의 욕구와 엄마의 바람이 상충할 때 요긴한 절충법이다.

"현준아, 왜 우는지 말해줄래? 그래야 엄마가 도와줄 수 있어." 이럴 때 '왜?'는 잘 사용해야 한다.

"왜? 왜 그러는 건데. 말을 해야 알지. 매일밤 왜 우는 건데? 말을 해야 알지!"

이 말의 '왜'에는 이유가 궁금하다는 부모의 마음이 들어 있기는커녕 그저 다그치고 질타하는 뉘앙스만 들어 있지 않은가. '왜'를 잘 사용해야 한다는 이유다.

'어떻게'를 통해
바람을 절충하는 방법

이유를 묻는 '왜'는 아이가 울기 시작하고 엄마의 감정이 북받칠 때 사용하면 오히려 아이의 마음을 차단시켜버릴 수 있다. 아이의 감정을 무시하고 욕구를 누르는 말로 들리기 때문이다. 우리 말 중에서 정말 조심스럽게 사용해야 할 말이 '왜'다. 자칫하면 따지는 말, 추궁하는 말, 몰아붙이는 말이 되어 상대의 마음을 차갑게 얼어붙게 하기 때문이다. 이유를 묻는 '왜'는 나쁜 상황에서는 특히 왜곡되기 쉽다.

아이의 욕구를 제대로 알기 위해서는 아이가 편안할 때, 엄마도 아이의 말을 재촉하지 않고 잘 들을 수 있을 때가 좋다. 간식을 먹거나 놀이를 하는 등 엄마와의 행복한 시간을 일부러라도 만들어 물어보자.

"현준아, 요즘 밤에 잠들기 전에 울잖아. 왜 그러는 거야?"

"몰라. 무서워."

"뭐가 무서운데?"

"그냥 무서워."

"불이 켜져 있는데도 무서워?"

특히 두 번째 질문인 "뭐가 무서운데?"라는 말을 할 때는 '무섭기는 뭐가 무섭다고 그래?'라는 식의 말투가 되지 않게 조심한다. 아이가 자신의 무서운 이유를 시원스럽게 이야기하면 좋겠지만 그러지 못하는 경우도 있다.

이런 방법으로 대화를 하는 게 낯설어서 아이가 제대로 표현하지 못할 때는 엄마의 인내가 필요하다. 때로 아이가 찾지 못하는 숨은 욕구를 엄마가 찾아내기 위해 "무서운 꿈이라도 꾸었어?" 등으로 아이가 원인을 찾을 수 있도록 몇몇 상황을 제시해도 좋다. 새롭게 시작한 학교생활이 불안의 원인일 수도 있고, 바빠진 엄마와 시간을 보내고 싶은 아이의 욕구가 반영된 행동일 수도 있다. 원인을 알았으면 이제 욕구를 해결할 수 있는 방법에 대한 질문을 해보자.

"어떻게 하면 무섭지 않을까?" "어떻게 하면 울지 않고 잠들 수 있을까?" 하는 질문을 하면 아이가 "엄마가 나 잘 때까지 옆에 있어줘" 또는 "엄마랑 같이 잘래" 등으로 해결방법을 내놓게 된다. 이때 중요한 것이 부모로서 가능한 것과 그렇지 않은 것을 정리하는 것이다. 부모의 욕구와 바람을 아이에게 말하는 것이다. 엄마도 자야 한다는 것을 알려줘야 한다. '엄마는 안 자고 너랑만 있으라는 말이야?'라는 서운한 생각도 들 수 있지만, 아이의 욕구에 진심으로 공감 반응해보자.

"엄마가 잠들 때까지 옆에 있었으면 좋겠구나. 같이 자고도 싶고? 그래, 엄마도 현준이 옆에 있으면 좋아."

이때 '엄마의 생각도 너와 같지만…' 하는 표정으로 아이를 보며 다음 말을 기다려보자. 물론 엄마의 바람을 아이에게 제시해도 좋다. "엄마도 자야 하는데 어떻게 할까?"

이제 대화가 무르익어 아이의 욕구를 충분히 이해했다면 절충법을 제안해보자. 물론 엄마가 감당할 수 있는 것이어야 한다. 엄마의 욕구를 무조건 양보해서는 안 될 일이기 때문이다.

"5분 동안 책을 더 읽어주면 어떨까?" "5분 동안 이야기를 더 나누면 어떨까?" 등으로 절충안을 제시한다. 이 정도에서 속 시원한 해결책이 나와주면 좋겠지만 그렇지 않을 수도 있다. 이럴 때는 "현준이가 더 좋은 방법이 생각나면 이야기해줘"처럼 아이에게 절충방법을 찾도록 하는 것도 좋다. 아이가 찾아낸 방법이 아이가 실천하기에 더 수월할 수 있기 때문이다.

단번에 해결되지
않을 수도 있다

"엄마도 더 생각해볼게. 우리 아들도 더 좋은 방법 생각 나면 언제든지 엄마에게 말해줘."

이 말의 효과는 클 것이다. 다음에 이야기 나눌 여지를 둔 것이며, 아이에게 생각할 기회를 주었고, 부모가 아이를 존중한다는 의미를 담았기 때문이다.

엄마의 의도만큼 흡족한 결과가 없어도 이런 대화를 나누었다면 아이의 생각은 더 커졌을 것이다. 이 대화로 아이가 오늘 밤부터 무섭지 않게 혼자 잘 잘 수 있을 것이라는 확신은 못해도, 분명한 건 아이는 엄마로부터 큰 선물을 받았다는 것이다. '겁쟁이'라고 몰아붙이지 않고 무서울 수도 있다고 아이의 마음을 이해해주었고, 함께 해결해보자며 동등한 인격체로 대해주었기 때문이다.

무서운 이유를 엄마가 알아듣게 설명하지 못했지만, '엄마가 나의 말을 끝까지 듣고 이해해주었다'는 사실만으로도 존중받은 자체로 아이는 한 단계 더 성장한다. 욕구의 원인은 다양하지만 아이는 이런 과정을 통해 스스로 욕구를 조절하고 해결하는 힘을 기른다.

아이의 욕구와 엄마의 바람을 절충하는 시간은 10분 이내가 좋다. 혹시 더 길어지면 엄마가 가진 바람을 아이에게 은연중 강요하거나 아이의 집중력도 떨어져 효과가 반감될 것 같아서다. 단번에 엄마의 의도대로 명쾌하게 해결되지 않을 수 있다. 하지만 '엄마는 너의 마음을 진심으로 이해할 거야. 엄마는 너에게 도움을 주고 싶단다. 엄마는 네가 스스로 이 문제를 해결할 수 있다고 믿어'라는 마음을 가지고 아이와 이야기한다면 만족할 만한 절충법을 이끌어낼 수 있을 것이다. 다른 상황에서도 이 방법은 유용하다.

아이의 욕구와 절충하는 2가지 노하우

---

1. 시간 선택 노하우

대체적으로 시간과 마음의 여유가 부족한 아침보다 저녁 시간이
더 낫다. 시간에 쫓기면 불안감이 높아지고 안정감이 낮아져 이성
적이기보다 감정적이 되기 쉽기 때문이다.

2. 감정 선택 노하우

감정을 억지로 누르며 대화하는 건 효과가 없다. 부모가 표현할
감정은 표현해야 한다. 격앙된 목소리나 억압하는 태도가 아닌 선
에서 부모의 감정을 아이에게 제대로 표현하자. 아이도 부모의 감
정과 욕구를 알아야 한다.

아이의 자존감을 깎아내리는
부모의 말 습관

부모는 아이가 알아들을 수 있게 구체적으로 말해야 한다.
부정확한 말은 아이를 혼란스럽게 하고 자존감도 깎아내린다.

"먹었으면 치워야지. 이게 뭐야? 돼지가 오면 형님이라고 하겠
다. 얼른 주방에 갖다 놔."

아들 둘이 엄마의 '돼지'라는 말에 깔깔거리며 웃는다. 아이스크
림을 먹고 숟가락과 아이스크림 빈 통을 거실에 둔 아들들에게 엄
마가 주방으로 가져다 두란다. 두 아이는 얼른 숟가락과 빈 통을 들
고 주방 식탁 위에 가져다 두었다. '이 정도면 잘했죠?' 하는 표정
으로 돌아오는 두 아들을 보며 엄마가 말한다.

"거기다 두면 어떡해. 숟가락은 싱크대에 둬야지."

"네, 엄마 내가 할게요."

동생이 주방으로 달려가더니 숟가락을 싱크대 위에 놓고 온다.

"싱크대 안에 놓고 물도 조금 틀어야지. 마르면 잘 안 닦이잖아."

칭찬을 들으려고 잽싸게 움직였던 동생은 머쓱해하고, 형이 한 마디 거든다.

"한 번에 좀 알아들어."

"누가 남자애들 아니랄까 봐. 말귀를 못 알아듣기는. 저기, 저거 치워."

엄마의 손가락 끝을 따라가던 형제가 '뭐지?' 하듯 서로 쳐다본다.

엄마가 말하는 '저기'와 '저거'는 무엇일까? 때때로 엄마가 부정확하게 말해놓고는 아이를 탓하는 경우가 많다. 엄마는 할 일이 많고 마음이 급하니 지시대명사가 늘어난다. 엄마가 부정확한 말을 하고는 아이들이 말귀를 못 알아듣는다고 답답하다며 '주의력 결핍인가?' 하고 걱정하는 경우도 있다.

자존감 떨어뜨리는 말, 말귀를 못 알아듣는다!

말귀를 못 알아듣는다는 말을 들으면 기분 좋은 사람이 있을까? 자신의 이해력이 떨어진다는 말이니 좋을 리 없다. 말귀를 못 알아듣는다는 말은 여러 가지 의미를 가진다. 마치 시(詩)처럼 함축적이고 다의적이다. 주의산만하다는 말이고, 집중력이 부족하다는 말이며 어휘력 부족을 탓하는 말이기도 하다. 한마디로 아이의 자신감을 바닥으로 떨어뜨리는 말이다.

"그거, 아니 그거 말고" "저기. 아니, 저기"라는 말은 어른도 알아듣기 힘들다. 오죽하면 '거기' '저기'는 귀신도 못 알아듣는다는 말이 있을까? 특히 마음의 여유가 없을 때 나오는 부모의 잘못된 말 습관임에도 오히려 부모는 아이가 말귀를 못알아듣는다고 타박하며 아이의 자존감을 떨어뜨린다.

"아니, 그거 아니래도. 왜 그렇게 말을 못 알아들어? 너 학교에서도 그러지?"

이런 식으로 아이를 몰아붙이고 학교생활까지 들추며 확대해석하는 경우도 있다. 아이의 듣기능력을 여지없이 깎아내리니 아이 자존감의 한 귀퉁이도 무너진다.

듣기 유능감을
키워주자

한때 사오정 시리즈가 유행한 적이 있었다. 상대가 말을 바로 못 알아듣거나 엉뚱한 반응을 보이면 "사오정 아니야?"라고 놀리기도 했는데 이 말을 듣고 웃어넘기는 속 좋은 사람도 있었지만, 얼굴이 벌게지는 순진한 영혼의 소유자도 있었다. 개인적으로 사오정 아니냐는 말이 유머라고 생각하지 않는다. 누군가에겐 유머를 가장한 언어폭력일 수도 있다.

사람마다 민감하거나 약한 부분이 다르다. 어떤 사람은 위가 약하고, 어떤 사람은 추위에 약하고, 어떤 사람은 냄새에 민감하다. 그걸 존중해주고 인정해주어야 관계가 유지되고 깊어진다.

자신은 생각 없이 말해놓고 상대가 찰떡같이 알아듣기를 바라는 건 어른 사이에도 무리가 있다. 하물며 아이들은 언어이해력이나 듣기집중력이 미완성인 데다 부모의 거기와 저기라는 불확실한 말을 금세 알아듣기란 더 어렵다. 문제는 단순히 부모의 말 습관으로 돌리기에는 아이에게 미치는 부정적인 영향이 크다는 것이다.

부정적 영향의 몇 가지만 떠올려보자. 먼저 아이의 자신감이 떨어진다. 아울러 자기효능감도 약해진다. 칭찬은커녕 면박을 당하니 위축되어 아이 자신에 대한 불신감만 커진다. '내가 그렇지 뭐'라고 아이는 부정적 낙인을 찍으며 스스로 자존감을 떨어뜨리는 것이다.

우리 아이 자존감,
부모의 정확한 말에 달렸다

자존감은 객관적인 판단보다 개인의 주관적인 느낌이 중요하다. "넌 자존감이 높아"라는 말을 들어도 아이가 그렇게 느끼지 못하면 의미가 없는 것이다. '난 자존감이 높아'라고 스스로 느껴야 한다. 자존감은 자신감, 자존심, 자기효능감, 유능감의 총체다.

자존감은 자신을 있는 그대로 인정하고 스스로를 긍정적으로 느끼는 것이다. 자존감은 주위 사람들에게 부정적이든 긍정적이든 영향을 받는다. 자존감이 이미 건강하게 형성된 사람은 부정적인 영향을 덜 받거나 영향을 받더라도 비교적 쉽게 극복한다. 그렇지 않은 경우에는 주위 사람들에게 자주 흔들리고 쉽게 상처를 받으며 부정적인 경험을 하면 그대로 부정적 자아상을 형성한다. 남들이 자신을 평가하는 대로 자신을 '그렇고 그런 사람'이라며 부정적 인식을 굳히는 것이다. 아이는 지금 자존감을 형성하는 과정에 있으므로 주위 사람의 영향을 더 많이 받는다. 특히 아이에게 영향력이 큰 사람은 아이의 자존감에 그만큼 큰 영향을 준다. 당연히 아이에게 엄청난 영향을 끼치는 사람은 부모다. 부모의 말에 아이의 자존감이 좌우된다고 하는 이유다.

부모는 아이가 알아듣게 말해야 한다. 알아들어야 정확히 행동하고, 그렇게 부모의 말을 제대로 알아듣고 행동했을 때 자신감이 생기며 아이 내면에 긍정적 자아상이 형성된다. 자존감이라는 탑은 부모의 말 한마디 한마디가 모여 탄탄하게 쌓이고 높아지는 것이다.

부모가 아이에게 "이 옷 안방에 둬"라고 말하면 아이는 옷을 방바닥에 휙 던지고 올 수 있다. 아이 딴에는 부모 말대로 안방에 두고 온 것이다. 아이가 기껏 부모 말대로 했더니 "누가 바닥에 던지고 오래?"라는 말로 혼이 나면, 아이는 어떤 생각이 들까? 최대한 정확하게 아이가 알아들을 수 있도록 말하는 부모가 아이의 자존감을 키운다.

"지민아, 엄마 옷 안방 침대 위에 놓아줘."

엄마가 정확하게 말하면 아이의 행동이 정확해지고, 자신이 적절한 행동을 했다고 느낄 때 아이에게 자신감도 생긴다. 사랑하는 엄마에게 "고마워"라는 소리도 듣는다. 이런 소소한 과정에서 아이 인생의 행복나침반, 즉 자존감이 긍정적인 방향으로 설정된다.

아이가 알아들을 수 있게 부모가 바라는 것을 정확히 말하면 아이도 부모가 바라는 대로 잘 자란다. 아이의 자존감을 올리고 싶다면 부모의 말 습관을 돌아보자. 부모의 정확한 말 습관이 아이의 자존감을 올린다.

아이의 자존감을 키우는 부모의 정확한 말

---

1. 부정확한 지시어 사용은 아이의 자존감을 떨어뜨린다.

"그거 좀 가져와"라는 부정확한 말보다 "탁자 위에 있는 책, 가져다주겠니?"라는 구체적인 말이 좋다. "이거 저기다 가져다 둬"라는 '이거' '저기' 등의 부정확한 표현을 지양하고, "책상 위에 놓고 오렴"으로 정확히 표현하자.

2. 정확한 말은 아이의 자존감을 키운다.

"하려면 제대로 좀 해" 또는 "자세가 왜 그래?"라고 지적하면 아이는 잘 알아듣지 못하게 되고, 자존감도 자라지 못한다.

"엄마는 네가 인사를 잘했으면 좋겠어" 혹은 "엄마는 네가 건강하고 멋지게 자라기를 바란단다. 어깨를 펴고 앉았으면 좋겠어"라고 부모의 소망을 정확하게 표현하자.

길게 말하기,
크게 말하기는 도움이 안 된다

부모가 감정적인 상태로 길게, 크게 말하면 내용전달이 어려워진다.
부모의 의도를 전달할 때는 감정을 빼고 구체적으로 말해야 한다.

"너, 엄마가 몇 번을 말해야 알아들어. 그러라고 했어, 안 했어?
그런데 왜 말을 안 들어? 일부러 그러는 거야? 엄마 화내나 안 내
나 보려고?"

엄마의 격양된 목소리에 아이가 마지못해 "아니"라고 답한다.

"아니긴 뭐가 아니야. 너, 일부러 그러는 거잖아. 얼굴에 다 쓰여
있어. 그래? 안 그래?"

아이는 영문을 모르겠다는 표정으로 침묵한다.

엄마들이 아이와 엄마의 역할을 맡아 아이가 말을 안 들었을
때(숙제, 방 정리, 옷 입기, 씻기 등을 안 했을 때)를 가정해서, 앞의

대화처럼 상황극을 했다. 극 도입부에는 서로 웃던 엄마들이 점차 진행될수록 진지해졌고, 눈물을 보이는 엄마들도 있었다. 상황극이 끝나고 엄마들이 말했다.

"아이들, 참 억울하겠어요."

"감정적이 되면 아이들보다도 못하네요. 엄마들 하는 말이…."

부모가 감정적이면
감정전달이 어렵다

엄마가 이성을 잃고 감정적인 상태가 되면 아이들보다 못하다는 말에 공감한다. 아이들보다 못한 걸로 끝나는 것이 아니라 아이에게 큰 상처를 줄 수도 있다. 아이들은 겨우 "엄마 싫어" "엄마 미워" "엄마 저리 가" "됐거든" "아니거든" 등으로 표현하는 게 전부인데, 엄마들의 말은 더 무섭고 심하다. 상황극을 살펴보면 엄마 말 앞에 자주 등장한 말은 '너'였다.

부모의 감정에 따라 아이를 부르는 호칭이 달라진다. 아이가 사랑스럽고 예쁠 때는 성을 빼고 상냥하게 이름을 부른다. 하지만 그렇지 않을 때는 성을 붙이고, 더 감정적일 때는 아이들의 이름이라도 잊어버린 듯 '너'라고 한다.

이름을 불러주지 않는 엄마 앞에서 아이는 자기를 잃어버린다. 이름은 곧 정체성이다. 자존감은 '자기정체성'과 관련이 깊다. 엄마가 감정적일 때는 아이의 정체성을 흔든다. 평소에는 인생을 다 바쳐 지극정성으로 아이를 키우고 사랑으로 대하는 엄마지만, 지나가는 말 한마디와 무심코 부르는 호칭 하나로 아이의 자존감에 찬물을 끼얹는다. '지푸라기 하나가 낙타 등을 부러뜨린다'라는 말처럼 지푸라기 하나 같이 가볍고, 별것 아닌 말이 알고 보면 아이 자존감의 허리를 뚝 부러뜨릴 수 있다. 엄마가 감정적일 때 하는 말 한마디는 천 마디 칭찬도 날려버린다. 그래서 부모는 감정을 표현하는 것과 감정적으로 되는 것의 차이, 그리고 부모 말의 무게감을 느껴야 한다.

엄마가 감정적인 상태가 되면 하고자 하는 말이 무엇이었는지 방향을 잃게 된다. 엄마의 말은 유창하고 긴데, 무슨 말을 하려는 건지 도무지 혼란스럽기만 하다. 감정이 이성을 지배하는 순간에 나오는 말들의 특징이다. 엄마가 말을 잘 다듬어서 정확하게 표현해야 하는데 감정이 앞서면 이게 안 된다. 아이가 못 알아들으니 엄마의 말은 더 길어진다. 어떻게 하면 엄마의 마음을 정확하게 전할 수 있을까?

먼저 엄마가 '자신의 감정을 알아차리는 것'이 필요하다. 그리고 엄마의 감정을 말하는 것이다. 예를 들어 엄마가 화났으면 "화났다"라고 말하면 된다. 이 말의 효과는 크다. 엄마가 스스로에게 '지금 화났으니 조심하자' 하고 이성뇌에게 주지시키기 때문이다. 엄마의 감정을 스스로에게 인지시키고 아이에게 '화났다'라는 사실을 알리면, 아이가 알아듣도록 차분하고 구체적으로 말할 수 있게 된다. 엄마의 이성뇌가 가동하기 때문이다.

엄마가 감정에 치우쳐 말하게 되면 아이는 못 알아들을 수밖에 없다. 엄마의 목소리가 커지고 말이 길어져서 아이는 더 못 알아듣는다. 그런 아이를 보며 "넌 이렇게 말하는데도 못 알아들어?"라는 말까지 하면 아이의 자존감은 무너진다. 부모의 감정적인 말은 아이의 자존감을 무너뜨릴 만큼 힘이 세다.

길게 말하면
내용전달이 어렵다

영아기 아이에게 말을 할 때는 너무 길어지면 안 된다. 아이의 어휘력이나 언어발달의 특징상 그렇다. 길지 않게 말해야 할 때가 또 있다. 부모가 감정적으로 불안정할 때다. 이때는 하소연하듯 말이 줄줄 나오기 쉽다. 앞의 상황극을 봐도 알 수 있다. 감정이 북받치면 말이 더 길어진다. '그동안 참았거든. 하지만 이제 할 말은 해야겠어' 하는 마음 때문이다. 하지만 아이가 그 마음을 알 리 없다.

말의 가치는 내가 하는 말과 상대에게 들리는 말이 조화를 이루어야 비로소 배가된다. 그러나 안타깝게도 감정적으로 쏟아내는 엄마의 말은 아이에게 전해지지 않는다. 아이는 '우리 엄마,

지금 왜 이러는 거지?'라고 생각할 뿐이다.

부모는 참았던 말을 작정하고 하는데 아이는 알아듣지 못하니 부모의 감정만 더 복받친다. 한바탕 일장연설이 길게 이어진다. 부모가 화났을 때 하는 말을 녹음해보면 A4 한 장쯤은 가볍게 넘어갈 것이다.

하지만 엄마의 말이 길어질수록 아이는 점점 더 반응을 보이지 않는다. 그러면 엄마는 제풀에 지쳐 더 절망한다. 그러다 한숨과 함께 "됐어"로 마무리한다. 아이는 무엇이 됐다는 건지 하나도 모르겠는데, 엄마 혼자 장문의 대사를 읊더니 됐다고 하는 것이다.

엄마의 됐다는 말이 해결의 의미가 아니라는 것은 어린 아이라도 안다. 엄마의 이런 태도는 아이의 성격에 따라 '우리 엄마 이상해' 혹은 '엄마가 날 포기하는구나'라고 전해진다. 사랑하는 엄마가 자신을 포기한다는 느낌을 받은 아이의 경우 자존감에 심각한 타격을 받는다. 자존감은 대상이 자신을 어떻게 바라보는가가 큰 몫을 차지하기 때문이다.

높은 자존감을 지닌 사람도 자신을 깎아내리고 비난하며 포기하는 사람을 자주 만나면 흔들릴 수밖에 없다. 하물며 이제 막 싹이 튼 아이의 자존감은 엄마의 의미 없는 긴말과 포기하는 말에 더 쉽게 망가지는 것이다.

크게 말하면
소음으로 들린다

엄마의 감정을 말할 때 또 하나의 장애물은 '큰 소리'다. 시작은 좋게 말하려고 했는데 아이의 반응이 이에 미치지 않을 때, 말이 길어지면서 동시에 나타나는 게 큰 목소리다. 큰 목소리의 결과는 2가지다. '위축'과 '겁먹기', 이 2가지 특징은 내용전달이 어려워진다는 것이다. 위축되고 겁먹으면 방어기제가 강해져서 자기를 보호하려는 뇌만 반응한다. 말의 내용을 들을 수 없고, 들어도 이해할 수 없다. 아이는 그 상황에서 회피하려는 기제만 강해진다.

부모의 목소리가 클 때는 대체로 부정적인 감정이 실려 있다. 그리고 그 격양된 감정은 최소한 몇십 초에서 몇 분간 지속된다. 만약 아이와 감정대립이 있거나 자신이 감정적이라는 생각이 들

 TIP **정확한 감정 표현과 대안 제시의 예**

- "가만히 좀 앉아. 안 그러면 그만 읽을 거야"라는 표현보다 "돌아다니지 말고 엄마 옆에서 잘 들어주겠니?"라고 아이에게 정확한 표현과 방법을 제시해야 한다.
- "천천히 먹으라니까 엄마 말을 왜 안 듣니?"라고 윽박지르지 말고, 음식을 천천히 먹었으면 하는 엄마의 마음을 "엄마는 네가 음식을 빨리 먹으면 걱정되고 안타까워"라고 구체적으로 말하고, "꼭꼭 씹어 천천히 먹자" 하며 대안을 제시해야 한다.

면 짧게 말하고 목소리를 높이지 말자.

아이가 "엄마 미워. 저리 가"라고 한다면 "엄마한테 말버릇이 그게 뭐야. 뭐가 미워? 엄마는 네가 이쁜 줄 알아?(하략)"라고 길고 크게 말하지 말자. 부모도 감정에 솔직해야 하지만 격앙된 목소리로 크게 말하면 감정적인 말만 하게 된다. 감정을 구체적으로 말하되 큰소리치지 않으려 노력해야 하는 것이다.

"그래. 엄마도 지금 너랑 말하고 싶지 않아서 다른 데로 가려 했어."

이때 엄마의 관대함을 담아서 아이에게 여지를 주는 말도 잊지 말자. "언제든 네가 말하고 싶을 때 엄마한테 와도 돼."

이렇게 말해본 엄마들은 이 말의 효과를 안다. '화가 머리끝까지 나 있는데 어떻게 그렇게 말하지?'라고 생각할 수 있지만, 이를 통해 육아에 자신감이 생겼다고 한다.

"화가 난 상태에서 그 자리를 피한 게 아이의 '저리 가'란 말 덕분이라고 생각하니 오히려 고마웠어요. 평소에 그런 상황에는 엄마한테 그게 무슨 말이냐고 아이와 한바탕 싸운 뒤에 후회하거든요. 감정적일 때는 길게 말하지 말자, 큰소리 내지 말자, 엄마의 품위를 지키자, 아이가 엄마의 마음을 알아듣게 말하자. 이게 요즘 제 스스로에게 건 공약이에요."

길게 말하기, 큰소리로 말하기는 내용전달에 도움이 안 된다. 부모가 감정을 제대로 표현하면 아이의 반응도 긍정적이 된다. 서로 소통하면 아이도 좋고 부모도 좋으므로 아이의 자존감과 부모의 자존감이 함께 높아진다.

부모의 감정을 표현하는 3가지 방법

---

1. 감정을 구체적으로 말하기

"도대체 어쩌자는 거야? 정리를 한다고 했으면 해야지. 여기가 무슨 창고야? 속상해 정말" 하고 푸념식으로 말하면 아이는 부모의 요지를 알아듣지 못한다. "네가 정리를 한다고 약속하고 정리를 안 하면 엄마는 화가 나"라는 식으로 부모의 감정을 아이에게 구체적으로 말하자. 엄마가 화나지 않았다면 화가 나는 감정을 이야기하지 않을 수도 있다.

2. 정확하고 짧게 말하기

감정 섞인 일장연설보다 "10분 안에 정리하자. 자, 시작" 하고 정확하고 짧게 말하자.

3. 아이에게 "에이, 우리 엄마 또 잔소리야"라는 말을 듣는 억울한 엄마를 위한 '전보식 언어(telegraphic speech)'의 예

"블록 정리하라고 했지. 그래야 밥 먹는다고 했어. 안 했어? 왜 한 번 말하면 안 들어. 얼른 치워"라는 비난식의 말보다. "블록 정리" 혹은 "정리"라고 간결하게 표현해보자. 마찬가지로 아이가 양치를 해야 할 상황에서 "이 안 닦으면 충치가 생기고, 충치가 생기면…"라는 긴 설교보다 "이 닦자" 또는 "이"라고 전보식 언어처럼 꼭 해야할 말만 짧게 하는 것도 좋다.

칭찬할 때는
구체적인 사실과 병행하자

칭찬에도 방법이 있다.
구체적인 칭찬으로 자존감을 키워주자.

#1.

가족과 저녁식사를 하는 시간에 수아가 아빠에게 숟가락을 두 손으로 드리자 아빠가 칭찬했다.

"어이구, 우리 수아 다 컸구나."

잠시 후 수아는 동생한테 계란말이도 집어주었다.

"어머, 우리 딸 착하네. 천사가 친구하자고 하겠다."

엄마의 칭찬에 수아의 얼굴이 환하다.

#2.

"엄마, 엄마. 카네이션 만들었어."

주연이가 어린이집 현관에서 만난 엄마에게 자신이 만든 카네이션을 보여준다.

"알았어. 고마워. 잘 만들었네."

엄마는 고맙다고 하면서 아이의 신발을 꺼내준다.

"엄마, 이건 아빠 꺼."

"응, 그래. 고마워. 얼른 신발 신자."

엄마의 반응에 주연이가 한 말은 "엄마, 미워"였다.

"훌륭해, 멋져, 천사야, 최고야. 이런 칭찬은 별로인가요? 칭찬 방법을 검색하거나 육아책을 보면 이런 칭찬은 하지 말라고 하던데, 사실 애들은 좋아하거든요. 칭찬하기도 어려운 것 같아요."

부모교육 현장에서 만난 엄마들의 이야기다. '칭찬은 고래도 춤추게 한다' 혹은 '우리 아이는 고래가 아니다' 등 칭찬에 대한 관심이 많아지면서 칭찬의 효과를 높이는 '올바른 칭찬'에 관한 질문도 많이 받는다.

스탠퍼드대학교 캐롤 드웩(Carol Dweck) 박사의 칭찬 실험은 우리의 칭찬 문화를 진지하게 되돌아보게 하는 계기가 되었다. 우리나라 학생들을 대상으로 했던 EBS 다큐에서도 "머리 좋구나"와 "열심히 했구나"의 효과는 전혀 달랐다. 이렇게 칭찬에도 방법이 있다는 걸 알게 되었지만 여전히 과정과 노력에 대한 칭찬이 여전히 익숙하지 않은 부모들은 어떻게 칭찬할지 난감하다.

"사실 제가 생각해도 평소에 애들한테 칭찬보다는 지적이나 잔소리를 더 많이 하거든요. 그런데 올바른 칭찬에 대해 알고부터는 그나마 하던 칭찬도 머리에서만 맴돌 때가 많아요. 이건 괜한 칭찬인가? 안 하니만 못한가 싶어서요. 아는 게 병이라고 칭찬이 더 어려워지는 거 있죠. 혹시 '천사'라는 표현도 안 좋은 칭찬인가요?" 앞에서 소개했던 수아 엄마의 질문이다.

칭찬, 어떻게 하면 자연스럽고, 우리 아이의 자존감을 효과적으로 키우는 좋은 칭찬이 될까?

구체적인 사실과 병행한
칭찬이 좋은 칭찬이다

EBS에서 방영한 다큐를 보자. 단어를 암기해 써보는 테스트를 진행했다. "너는 참 머리가 좋구나"라는 지능칭찬을 받은 아이들과 "너는 참 열심히 하는구나"라는 노력칭찬을 받은 아이들이 시험을 치렀다. 선생님이 단어장을 놓고 자리를 비우자 머리가 좋다고 칭찬받은 아이는 커닝을 했고, 과정과 노력을 칭찬받은 아이는 정직한 모습으로 열심히 기억해내려고 했다.

타고난 능력을 칭찬하는 말보다 현재의 행동에 대한 노력을 칭찬하는 것이 아이로 하여금 결과에 대한 지나친 부담을 받지 않고 자신의 노력에 관심을 가지게 만든다. 열심히 노력한 과정에

비구체적	구체적 사실(상황)과 병행하기
와, 멋지다.	와, 멋지다. 동생에게 양보하니까 동생도 아주 좋아하는 걸.
우리 착한 딸.	우리 착한 딸이 간식을 가져다 드리니까 할머니가 기뻐하셨어.
잘 먹네. 최고야.	잘 먹네. 최고야. 골고루 잘 먹으니 더 건강해지겠구나. 엄마도 좋아.
양치 대장!	양치 대장! 아들, 양치를 잘하네. 어디 이 좀 볼까? 와, 깨끗해졌네.
우리 딸 다 컸구나.	우리 딸 다 컸구나. 아빠한테 두 손으로 숟가락을 주다니. 고마워!

대해 인정하고 결과를 받아들이며 다시 정진하는 것은 자존감 높은 사람이 가진 특징이다. 그럼 어떤 칭찬을 하는 것이 노력에 대한 칭찬일까? 막연한 칭찬이 아닌 구체적인 내용을 담은 칭찬을 하면 된다. 아이들도 가짜 칭찬과 진짜 칭찬을 구분한다. 진짜 칭찬엔 진정성이 담겨 있기 때문이다.

'멋지다' '훌륭하다' '예쁘다'는 좋은 의미를 담은 말이지만 칭찬으로서는 비구체적이며 막연하다. 하지만 엄마들은 이런 말을 빼놓고 칭찬하려면 칭찬에 적절한 말이 많지 않다고 생각한다. 구체적인 칭찬 또한 쉽지 않다. 게다가 칭찬 타이밍을 놓치는 경우가 많아 안타깝다. 그럼 어떻게 하면 좋을까?

우선 감탄사나 쉽게 할 수 있는 '잘했어' 등의 표현을 먼저 한 후에 이어서 상황에 맞는 말을 구체적으로 붙이면 좋다. 감탄사나 비구체적인 칭찬은 자칫 건성으로 비칠 수 있지만 구체적인 상황을 병행해 제시하면 설득력이 높아지고, 칭찬의 효과도 높아진다.

'멋지다' '착하다' 등은 유아기와 초등학교 저학년 아이들이 좋아하는 칭찬이므로 굳이 사용하지 않으려 할 필요는 없다. 이 말과 함께 구체적인 사실을 병행한 칭찬으로 우리 아이의 기를 활짝 펴주자.

칭찬에 대해 유의할 점이 있다면 평가하는 느낌의 칭찬은 부모가 마치 아이에게 점수를 매기는 듯한 상하식 의미전달이 될 수 있으므로, 부모의 마음을 표현하는 칭찬을 해야 한다는 것이다. "와, 신발을 혼자 신다니 똑똑하다"라는 말보다는 "스스로 신발을 신는 걸 보니 엄마는 기뻐"라는 식의 칭찬이다. 이밖에도 과정과 노력, 인정과 격려를 담은 칭찬이라면 아끼지 말자.

칭찬할 점이
없는 내 아이

잘한 점은 그냥 지나가고 못한 점만 찾는 부모라면 잘못한 점만 고쳐주려다 아이와의 거리만 멀어진다. 아이는 자신의 잘못을 지적해주는 부모보다는 잘한 점을 말해주는 부모를 더 좋아한다. 무엇보다 부모와 아이의 관계가 좋아야 한다. 그러면 잘못한 점을 말해도 아이는 수용하는 태도를 보인다. 9가지 잘못과 한 가지 잘한 점이 있으면 한 가지 잘한 점에 집중해서 칭찬을 하자. 이것이 '긍정적 행동의 강화'다. "또 그러네. 덤벙대기는. 그러니 실수하지"라는 말을 하면 덤벙대는 실수만 강화한 것이다. 부모의 마음은 '덤벙대지 말고 침착하렴'이 아닌가. 그럼 아이가 찬찬히 무언가를 할 때 "침착하게 잘하는구나. 꼼꼼하게 하는 모습을 보니 든든해"라고 하는 것이 맞다. 느린 것도 알고 보면 꼼꼼하고 정확해서일 수도 있다.

칭찬할 점이 별로 없다고 생각한다면 '찾아내서' 칭찬을 해야 한다. 비법이 또 하나 있다. 바로 내 아이를 옆집 아이처럼 보는 방법이다. 욕심을 내지 않으면 기대도 높지 않으므로 칭찬할 것이 더욱 많아질 것이다.

칭찬할 때는
아이에게 집중하자

말할 때는 듣는 사람을 쳐다보고, 들을 때는 말하는 사람을 쳐다보는 것처럼, 칭찬할 때는 칭찬하는 대상을 바라봐야 칭찬의 진정성이 전달된다. 엄마가 다른 데를 쳐다보거나 다른 행동을 하면서 아이를 칭찬하면 칭찬은 건성으로 와전된다. 진정성의 차이는 칭찬할 대상을 보는 것과 그렇지 않은 것에서 나뉘어진다.

카네이션을 받은 엄마의 반응에 "엄마, 미워"라는 말을 한 주연이의 경우를 떠올려보자. 엄마는 분명 "고마워. 잘 만들었네"

라고 칭찬해주었는데 주연이는 기뻐하지 않았다. 칭찬은 말과 행동이 함께 할 때 제대로 전달되기 때문이다. 지금 주연이가 칭찬받고 싶은 핵심은 '카네이션을 만든 것'이다. 엄마를 위해 열심히 만들었고 엄마를 보자마자 자랑한 건데, 엄마는 말로만 잘 만들었다고 하면서 카네이션을 유심히 보지 않고 주연이의 신발을 찾았다. 아이와 걸어가면서 이야기할 수도 있고, 집에 가서 칭찬할 수도 있지만 어린아이일수록 'here&now', 즉 지금 즉시 하는 칭찬이 효과적이다.

카네이션을 이리저리 관심 있게 보면서 "와, 우리 딸이 만든 카네이션이야? 어떻게 이렇게 잘 만들었을까? 정말 예쁘구나"라고 말하면 충분하다. 그러면서 지금 당장 달고 싶은 마음도 표현하고, 이런 경우에는 아이에게 "고마워"라는 말도 잊지 말아야 한다. 만약 여유있게 칭찬할 시간이 없다면 손으로는 아이가 신발 신는 것을 도와주고 눈길은 카네이션에 두며 "어머, 예쁘게 잘 만들었네. 얼른 달고 싶다. 고마워!"라고 칭찬하면 된다. 엄마를 기쁘게 하고, 엄마에게 고맙다는 말을 들으며 아이는 행복하다. 자신이 이룬 것에 대한 보람과 자기 존재감 상승을 느끼며 뿌듯해지는 것이다. 부모의 칭찬이 구체적이고 진심 어릴수록 아이의 자존감도 그만큼 커진다.

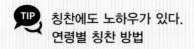

TIP 칭찬에도 노하우가 있다. 연령별 칭찬 방법

1. 무조건적인 칭찬이 필요한 시기

태어나서 첫돌까지는 무조건적인, 언어적 칭찬과 비언어적 칭찬이 필요하다. 언어적 칭찬은 우유를 잘 마셔도, 잠만 잘 자도 "아이고 예쁘다" 하고 말하는 것이다. 비언어적 칭찬은 아이를 안아주거나 쓰다듬어주는 부모의 스킨십이다.

2. 구체적인 칭찬이 필요한 시기

돌이 지나면서 아이의 표현언어는 한두 단어 정도지만, 듣는 능력은 간단한 문장도 알아들을 만큼 발달한다. 이 시기부터 영유아기까지는 구체적인 칭찬이 적절하다. 구체적으로 설명이 가능한 칭찬이 필요하다. "잘했어" "최고야" 등과 아울러 칭찬 상황을 덧붙여 칭찬한다.

3. 격려의 형식을 띤 칭찬이 필요한 시기

학령기의 아이에게는 학습과 성적에 대한 문제가 주를 이룬다. 이때가 바로 격려를 담은 칭찬이 필요한 시기다. "생각한 만큼 결과가 안 나와서 속상하지? 그래도 그동안 노력한 게 있으니 실력은 많이 늘었을 거야"라는 말로 아이의 능력보다 과정이나 노력에 초점을 맞추어 칭찬하는 것이 자존감을 높이는 칭찬법이다.

* 연령과 상관없이 결과 중심보다 과정과 노력 중심의 칭찬과 격려가 중요하다.
* 엄지척 칭찬, 안아주기, 머리 쓰다듬기, 토닥이기, 어깨 어루만지기, 안아서 번쩍 들어올리기 등 내 아이가 좋아할 만한 스킨십과 칭찬을 자주 해주자.

부모도 아이에게
사과할 줄 알아야 한다

부모의 솔직한 사과는 아이의 자존감을 높이는 효과가 있다.
부모의 사과를 받아들였는지는 아이의 몫으로 남겨두자.

"엄마가 미안하다고 했잖아."

"됐어."

"뭐가 됐다는 건데? 사과를 받아들이는 태도가 아니잖아. 사과를
하면 쿨하게 받아줘야지. 엄마는 뭐 사과하는 게 쉬운 줄 알아?"

"엄마는 너무 심했다고. 그 애는 맨날 자기가 다 최고라고 생각
하는 아이인데, 그렇게 말하면 그 애 앞에서 내가 뭐가 돼. 내일부
터 더 잘난 척하는 꼴을 어떻게 보냐고!"

"알았어. 알았다고. 그만하고 화 풀어. 어쨌든 미안해. 엄마가 사
과하면 받아줘야지."

거실로 나가려던 엄마가 여전히 뾰로통한 아이를 바라보며 한마

디 덧붙인다.

"너도 엄마한테 지킬 건 지켜. 넌 엄마한테 잘못하고 제대로 사
과한 적이나 있어?"

아이와 우연히 하굣길에서 만난 엄마는 딸이 단짝친구와 있자
반가워서 아이들을 데리고 분식집에 갔다. 문제는 그다음에 일어
났다. 엄마는 평소에 아이의 사회성을 위해 친구의 좋은 점을 찾
으라고 가르친 적도 있고, 마침 딸아이의 단짝친구가 앉은 태도
며 먹는 모습이 예뻐 칭찬을 했다.

"어머, 민정아. 어쩌면 먹는 것도 이렇게 예쁘니? 그렇게 천천
히 먹으니까 소식해서 이렇게 날씬한가?"

여기까지는 괜찮았다. 그런데 옆에서 맛있게 먹는 딸아이를 보
며 한 말이 화근이었다.

"보현아, 너도 저렇게 먹으면 저절로 조금 먹게 되어서 쉽게 다
이어트할 수 있을 거야. 친구한테 배울 점이 많으니 우리 보현이
는 좋겠네."

이후 분위기가 갑자기 싸해졌다. 아이가 포크를 딱 놓아버린
것이다. 민망해진 엄마가 바로 상황을 눈치채지 못하고 수습하려
고 한 말이 오히려 불씨를 지폈다.

"보현이 너 왜 그래? 민정아 괜찮아. 마저 천천히 먹어."

뒤늦게 엄마는 가뜩이나 살찌는 것에 민감한 딸 앞에서 딸 친
구와 비교한 부분이 아이를 건드렸다는 것을 알게 되었다. 엄마

가 집에 와서 사과를 했지만 분위기는 냉랭했다. 아이는 왜 엄마가 실수를 인정하고 사과까지 했는데 받아들이지 않았던 걸까?

부모의 마음을
강요하지 말자

사과는 나의 미안한 마음을 상대에게 전하는 것이다. 그 마음을 상대가 받아주면 좋은 것이고 그렇지 않다고 해도 마음을 풀라고 강요하면 안 된다. 마음이 풀어지는 시간도 아이마다 다르다. 빨리 풀어지는 아이도 있고 몇 시간 혹은 며칠씩 가는 아이도 있다.

"뭘 그런 것 갖고 그렇게 삐지고 그래? 사과했잖아."

"사과하면 받아줘야지. 그게 예의지."

아이를 위해 한 말 같지만 실은 부모의 마음을 강요하는 것이다. 사과는 부모의 몫이고 풀어지는 것은 아이 몫으로 남겨야 한다.

사과하는 부모의
5가지 유형

아이에게 실수를 한 경우에 대처하는 부모들의 반응 유형도 양육태도만큼이나 다양하다.

첫 번째 유형은 부모의 실수를 축소하며 무마하려는 '축소형'이다. "뭘 그걸 갖고 그래. 그만하고 얼른 밥 먹자"라는 식으로 부모의 잘못을 어영부영 넘기려 한다.

두 번째 유형은 부모의 실수가 마치 아이의 탓인 양 행동하는 '책임회피형'이다. 이런 부모는 어색하게 사과하고 "그러니까 네가 엄마 말을 들었으면 그런 일 없잖아" 등으로 회피하려고 한다.

세 번째 유형은 '권위주의형'이다. 이런 부모는 "죽어도 미안하다는 말 못하겠어요. 자존심 상해요"라고 한다. 부모가 사과하면 마치 부모의 권위가 떨어진다는 생각이 든다는 것이다. 그러면서 그런 행동으로 인해 도리어 아이가 점점 더 부모 말을 안 듣지는 않을까 걱정한다. 아이를 존중하는 마음이 없는 건 아니지만 사과하면 스스로 약자가 되는 것 같은 불안감이 든다고 한다. "네가 잘했으면 엄마가 그랬겠어?" 하며 사과는커녕 부모의 잘못을 인정하지조차 않는다.

네 번째 유형은 부모의 잘못을 솔직하게 인정하고 얼른 사과하는 '인본주의형'이다. "엄마가 실수했어. 미안해"라는 말을 진정성 있게 하는 부모다. 결국 아이를 인격적으로 대하는 마음으로 사과할 때 비로소 진짜 사과가 된다. 사과하는 마음이 아이에게 잘 전해지는 것은 물론이다.

다섯 번째 유형은 '어정쩡형'이다. 아이에게 사과할 때 "어쨌든 미안해"라는 말을 하는 부모로, 아이를 잘 키우고 싶어 많은 육아책과 정보를 접한 경우다. 축소와 회피, 권위주의를 섞은 이 어정쩡한 사과는 부모의 본심까지 의심스럽게 만든다. "어쨌든 미안해"가 아니라 "그래서 미안해"가 되어야 한다.

자존감 높은 부모는
사과도 잘한다

진정한 자존감은 잘못했다고 느낄 때 인정하고 미안하다고 표현할 줄 아는 것이다. 자존심을 내세워 사과할 상황임에도 안 하는 것이야말로 자존감이 낮은 태도다. 완벽하려는 부모일수록 오히려 사과하지 않는 경우가 많다. 이러한 태도로 부모의 자존심을 지켰다고 생각할지 몰라도 아이의 자존감은 낮아진다. 가장 사랑하는 부모로부터 존중받지 못했기 때문이다. 부모의 실수로 기분이 나빠진 내 아이에게 마음을 털어놓을 수 있는 부모의 용기가 필요하다. 용기는 자존감의 중요한 요소다. 부모의 용기는 아이의 마음을 편하게 하고 안전감을 느끼게 해서 아이의 자존감을 높인다. 사과할 줄 아는 부모의 용기가 부모와 아이의 자존감에 영향을 미치는 것이다.

만약 아이가 부모의 사과를 안 받아준다고 느낄 때, 더욱 부모의 자존감 관리가 중요하다. 자존감이 낮은 부모는 아이에게 기껏 사과해놓고 아이 태도가 마음에 안 든다며 버럭 소리를 지르기도 한다. '엄마가 너에게 사과했다고 해서 무조건 받아들이라는 뜻은 아니야'라는 마음을 가져야 한다. 그리고 진심을 담아 '정말'을 넣어서 사과하고, 아이의 마음이 풀리기를 바라며 기다리자. 사과의 주체인 '엄마'를 넣는 것은 물론이다.

"엄마가 정말 미안해."

부모의 사과가
아이의 자존감을 높이는 이유

아이가 존중받는 느낌을 받으면 자존감이 높아진다. 부모의 사과는 아이가 받은 서러움이나 억울함 등의 감정, 즉 아이가 받은 상처를 보듬고 어루만지며 억울함을 해소하게 함으로써 아이의 자존감을 높인다.

사과하면 부모의 자존감도 높아진다. 부모가 조절력을 발휘해 아이를 존중하며 사과하면 부모 스스로도 육아 유능감을 느끼기 때문이다. 자존감 높은 부모를 대하며 아이는 인간관계를 대립의 구조가 아닌 협력과 동등함의 구조로 이해하며, 대인관계를 맺는 방법을 배우고 사회성도 발달하게 된다.

사과하면 아이의 자아정체성 형성에도 긍정적인 영향을 준다. 잘못을 인정하고 사과한다는 것은 올바른 인격과 가치관을 형성하게 한다. 부모라는 어른도 자신과 같은 어린아이에게 잘못을 인정하며 미안하다고 사과하는 환경에서 자란 아이는 최고의 선,

도덕적 가치를 배울 수 있다.

비 온 후에 무지개가 뜨고, 태풍이 분 후 바다는 더 고요해진다. 부모의 실수에 대해 아이에게 진심을 담아 사과함으로써 부모와 자녀 사이의 믿음이 탄탄해지고 신뢰감이 커질 것이다. 실수를 모면하기 위한 사과가 아니라 '너를 존중해'라는 의미를 담은 부모의 사과가 아이의 자존감을 키운다.

 자존감 높이는 사과의 '3·3·3 법칙'

1. 3초 이내에 사과하라
사과에도 'here & now'가 적용되어야 한다. 미안한 마음을 오랜 고심 끝에 표현하는 것보다 실수한 그 자리에서 바로 인정하는 게 좋다.

2. 30초 이내로 말하라
너무 길게 말하면 또 다른 설교가 될 수 있다. 부모의 미안한 마음을 담은 메시지를 짧게 말하라. 30초도 아이의 마음을 어루만지기 위해 필요한 시간이므로 더 짧아져도 좋다.

3. 30분 후에 확인하라
아이의 기분이 바로 좋아지거나 풀어지기를 기대하면 부모도 맥이 빠질 수 있다. 아이가 사과를 받아들일 수 있는 시간적 여유가 있어야 한다. 30분 또는 3시간 후에 "괜찮아졌어?" 등으로 아이의 마음을 확인하자. 아이의 성향에 따라 3일이 필요한 경우도 있다.

고집쟁이, 떼쟁이, 거칠고 공격적인 아이. 남의 탓만 하고 자기 탓은 없는 아이. 입만 열면 "안 해" 하는 아이. 어떻게 키워야 할지 막막할 때가 많습니다. 수많은 육아비법은 왜 유독 내 아이에게는 안 맞을까요? 아무리 좋은 비법이라도 내 아이에게 맞아야 합니다. 아이마다 기질과 성격의 차이가 있기 때문입니다. 부모의 기질과 성격도 다르지요. 부모와 아이가 척척 맞는다면 그나마 육아가 수월하겠지만, 사사건건 부딪치는 경우가 더 많습니다. 결론부터 말하자면 부모가 아이에게 맞춰야 해요. 아이의 타고난 기질을 부정하면 아이는 자신이 거부당했다고 느낍니다. 아이를 인정하고 아이에게 맞는 맞춤형 육아로 접근해보세요. 자신이 인정받을 때 자존감은 자라납니다. 아이가 부모에게 바라는 건 이거예요.

"저를 있는 그대로 인정해주세요."

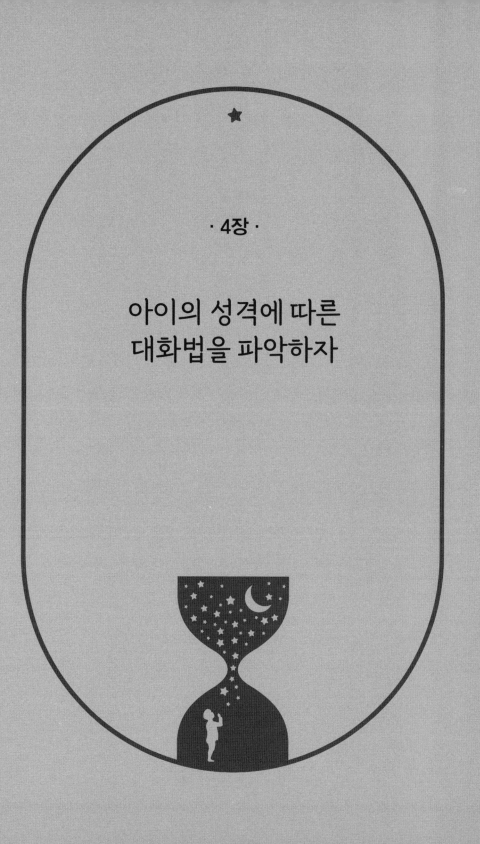

· 4장 ·

아이의 성격에 따른
대화법을 파악하자

"안 해" "싫어" "미워" "아니야" 그리고 고집부리는 아이

부정적인 말을 입에 달고 사는 아이의 마음을 들여다보자.
부모에게 인정받지 못하면 아이의 고집은 더 늘어난다.

"엄마한테 인사하고 얼른 들어가."

"싫어."

"알았어. 그럼 들어가."

"싫어."

"엄마가 그럼 어떻게 해줄까?"

"몰라, 싫어."

"알았어. 이제 그만 들어가자."

"싫어!"

학원 앞에서 엄마와 진서가 보인 모습이다. 이 모습만 보면 엄마

가 아이를 그냥 우격다짐으로 학원에 데리고 온 느낌이 들 정도로

아이는 싫다는 말만 반복한다. 가만히 보면 엄마는 차분하고 아이
는 신경질적이다. 엄마는 침착하고 아이는 고집부린다.

진서는 엄마에게서 떨어지지 않으려 하는 껌딱지 같은 아이다.
엄마는 예비 초등학생인 진서가 '엄마를 괴롭히려고 태어난 아
이' 같다는 생각을 했다고 말했다. 거실에서 놀 때도 충분히 혼자
놀 수 있는 상황인데 "엄마가 옆에 있어야지"라고 말하고, 엄마
가 저녁 준비를 하기 위해 양해를 구해도 "안 먹으면 되잖아. 그
냥 놀자고! 나 밥 안 먹는다고!" 하며 떼쓴다. "아빠는 드셔야 하
니까 그래도 준비해야 해" 하면 "엄마 미워"라고 한단다.

의욕이 없는 엄마,
매달리는 아이

실제로 엄마와 상담하며 이 부분까지 이야기를 들었을 때는 마
치 진서가 엄마를 너무 사랑해서 늘 곁에 두고 싶어 하는 것 같
았다. 하지만 진서와 상담을 하면서 들은 이야기는 "엄마가 없었
으면 좋겠어요"라는 말이었다. 다음은 진서와 나눈 이야기다.

"진서는 어떤 음식을 좋아해?"

"엄마가 안 만든 거요."

"엄마가 안 만든 음식이 무엇인데?"

"아무거나 다요. 엄마가 만든 건 싫어요."

진서가 엄마 없이는 어떤 놀이도 안 한다는 이야기가 떠올라 이런 질문도 했다.

"진서는 엄마랑 노는 게 좋아?"

"누가 그래요? 아닐걸요?"

"엄마랑 노는 거 좋아하는 걸로 아는데?"

"누가 그래요? 우리 엄마죠? 그럴 줄 알았어요. 뻥이에요. 한 번도 놀아준 적 없어요."

진서와 이야기를 나누는 동안 가장 많이 나온 이야기는 "아닌 데요" "누가 그래요?" "싫을걸요" "아마도 아닐걸요" "안 하고 싶은데요"였다. 예를 들면 이렇다.

"진서야, 지금 너의 생각을 말로 표현하기 어려우면 저기 화이트보드에 그려도 좋아."

"싫은데요."

"그럼, 진서는 자리에 가만히 있어. 선생님은 선생님 생각을 그림으로 표현하고 싶거든."

'가만히'라는 말을 진서 눈을 보며 또박또박 말하고, 선생님이 그림을 그리러 나가자 "누가 가만히 있는다고 했어요? 그림 그리기 싫다고 했지?" 하고는 다리를 까닥거리며 몸을 좌우로 흔들기 시작한다.

"그랬구나. 네 말이 맞아. 네가 가만히 있는다고는 안 했어. 그림 그리기 싫다고만 했지."

그런데 선생님의 이 말을 들은 진서가 까딱거리던 발을 멈추고, 흔들던 몸을 멈추더니 선생님을 쳐다본다. 의아하다는 듯. 선생님이 이어서 "미안해. 네 말을 엉터리로 해석한 선생님의 말에 대해 사과하는 거야"라고 말했다. 이 말이 끝나기도 전에 진서가 벌떡 일어나 화이트보드 앞으로 가더니 선생님이 그린 그림을 보며 이렇게 말했다.

"선생님, 이게 펠리컨이라고요? 이걸 타고 어디를 갈 수 있다고 생각하세요? 적어도 이만큼은 커야 가능하죠."

청개구리 같은 아이,
자존감 낮은 아이?

진서가 화이트보드의 남은 면에 큰 새를 그리며 설명까지 자세히 곁들인다. 표현하기를 귀찮아해 겨우 입을 열면 "안 해요" "싫은데요" "그렇겠죠" "됐다고요"라는 말만 반복했던 진서가 맞나 싶었다. 여기서 진서의 마음을 연 비밀코드는 '인정'이었다.

"어른들은 인정을 안 해요. 잘못해놓고."

마음이 열린 진서는 어휘력이 풍부할 뿐 아니라 언어구사력이 뛰어난 수다쟁이였다. 진서의 마음을 연 또 하나의 비밀코드는 바로 '관심'이었다. 이 말을 전해들은 엄마는 어이가 없다는 반응이었다. 현재 전업주부인 엄마는 잘나가던 워킹맘이었다.

진서를 잘 키우기 위해 사표를 내고 육아에 전념했고, 아이를 위해 최선을 다했다. 지금까지 아이에게 큰 목소리도 내지 않으면서 참아왔던 엄마는 자신의 육아법을 의심한 적이 없었다.

실제로 진서 엄마는 상담을 할 때도, 진서와 대화를 할 때도 차분한 목소리로 천천히 말하는 '품위 있는 엄마'였다. 그런데 무슨 일일까? 진서는 만난 지 두 번째, 시간으로 치면 만난 지 2시간도 안 되는 선생님과는 말이 통했다. 엄마가 진서에 대해 설명한 내용은 '고집쟁이, 이기적, 부정어 남발, 까다로움, 양보하지 않음, 늘 어두움, 핑계댐' 등 자존감 낮은 아이가 보이는 전형적인 패턴이었지만 인정과 관심을 받은 진서가 보인 모습은 전혀 달랐다.

세 번째 수업하는 날, 교실 밖에서 기다리던 엄마는 진서의 웃음소리가 여러 차례 들리자 놀라워하며 상담에 적극적으로 임했다. 그동안 진서는 "안 해"라는 말을 엄마에게 제일 많이 썼고, 엄마는 진서에게 "그럼 알았어"라는 말을 가장 많이 썼다. 과연 엄마는 이해심 있게 아이를 존중했던 걸까?

"안 해!"라는 아이의 속마음 vs.
"알았어"라는 엄마의 속마음

"알았어"라는 말은 좋은 의미의 말이다. 상대를 이해한다는 의미고 그 의견을 존중한다는 말이기 때문이다. 그러나 쓰임에 따라 아이로 하여금 엄마의 사랑과 관심을 목마르게 하는 말이기도 하다.

진서와 진서 엄마 같은 사례는 더 이상 특별하지 않다. 범람하는 육아책과 육아 정보가 엄마들을 그렇게 만들었다는 생각도 든다. '아이를 존중해라' '아이에게 소리치며 혼내지 마라' '엄마의 감정을 조절하라' '아이 중심으로 육아하라'라는 요지의 육아법은 때로 부모의 감정을 메마르게도 한다.

차라리 소리라도 한번 지르면 속이라도 후련한데, 좋은 부모가 되고 싶고, 아이가 기죽을까 그러지도 못하니 속병만 난다. 이런 부모의 속마음을 읽는 능력을 가진 아이는 이미 부모를 꿰뚫어 보고 어느새 부모 위에 군림한다. 부모는 점점 말 안 듣는 아이 아래에서 무기력해진다. '한다고 했는데 무엇이 잘못되었을까?'라며 부모는 자책감에 빠진다. 아이 나이 7~8세면 절정이다. 진서의 경우처럼 '곧 초등학교에 가야 하는데 정말 걱정'인 경우가 많은 것이다.

아이 맞춤형 육아를 한 진서네는 무엇이 문제였을까? 가장 가까운 사람과의 상호작용은 즐겁고 기뻐야 한다. 그러나 늘 즐거울 수는 없다. 아이가 해서는 안 되는 행동을 했을 때 과감히 제재도 해야 한다. '너를 사랑하니까 마음대로 해' 하는 태도는 어른의 경우도 '이 사람이 날 포기한 걸까?'라는 생각이 들게 한다.

특히 사랑하는 사이에는 반어법도 동원된다. "떠난다"라는 말은 '날 잡아줘'라는 숨은 의미를 동반할 때가 있다. 아이는 "안

해"라고 말하면서도 엄마가 더 물어보기를 바랄 수도 있다. 엄마가 포기한 채로 "알아서 해"라고 말하는 게 아니라 "그럼 이렇게 하면 어떨까?" "이것도 싫어? 그럼 이건 어떨까?"라고 다시 관심을 가져주기를 바란다.

자기밖에 모르는 아이는 자기 방식대로 표현할 수밖에 없다. 자기중심적인 발달단계를 거치고 있기 때문이다. 아무리 내 아이지만 이기적으로 보인다. 그럴 때 부모가 "몰라, 네가 알아서 해"라는 식으로 말한다면 아이의 "안해" "싫어"는 늘어만 간다.

엄마가 차분한 목소리로 전한 "알았어"라는 말은 '마음대로 해. 엄마도 몰라' 하는 의미로 아이에게 전달될 수 있다. 엄마의 속마음이 그런 게 아니어도 아이 마음속에 '세상에서 가장 사랑하는 엄마가 포기한 나'라는 부정적 이미지가 자리하는 것이다.

아이의 반어법에 귀 기울이는
마음을 담은 반응

자존감이 낮은 아이는 스스로를 신뢰하지 못하고 끊임없이 의심하며 자기 고집을 내세운다. "고집이 세서 어떻게 할 수가 없다"라는 말을 수없이 들은 아이일수록 생존을 위해 더욱더 '고집'을 선택할 수 있다. 그래야 그나마 '관심'을 받는다는 걸 알기 때문이다. 그 고집을 받아주느라 엄마의 속이 타들어가는 건 알 바 아니다. 이 과정에서 아이가 학습하는 건 엄마의 거부, 비판, 분노, 한숨, 무관심, 비난, 포기 같은 '낮은 자존감 소재'들이다.

진서 엄마는 그저 거부와 비판, 비난, 포기를 '조용하게' 처리했을 뿐이다. 아이에게 맞춰주려다 끌려다니기만 했기 때문에 아이는 고집만 늘어났고, 결국 엄마가 체력적으로 한계에 부딪쳐 '포기'로 이어졌다.

특히 기질적으로 까다로운 아이는 엄마를 거칠게 만들거나 자포자기하게 만들 수 있다. 태어나서 지금까지 "왜 그러는데?" "어떻게 하라고?" "왜 그렇게 고집이야?"라는 말을 반복해 들은 아이에게 자리잡은 건 자기부정과 불신이며 이는 아이의 고집을 강화시켰기 때문이다.

가장 가까운 사람으로부터 관심을 받고 가치 있는 대접을 받은 아이가 자존감이 높다. 내 생각에 귀 기울이는 엄마, 나의 미성숙으로 부리는 고집에도 마음으로 반응하며 설득하는 엄마가 아이의 자존감을 높인다.

아이에게 너의 내면에 귀를 기울이고 있다는 느낌을 전하는 반응이 아이의 고집을 줄이고, 의심이 가득한 떠보기식 반응을 줄일 것이다.

엄마의 영혼 없는 반응은 차라리 혼내는 말보다 못하다. 고집이 센 아이일수록 자신을 포기하는 엄마의 반응을 빨리 감지한다. 아이도 자신을 전혀 모르지 않기 때문이다. 아이는 진심을 담은 엄마의 "그래서 그랬구나"라는 말을 듣고 싶어 한다. "네가 그럼 그렇지. 알았어"라는 포기를 담은 "알았어"가 아니라 "그래도 다시 생각해볼래?"라는 관심의 말이 듣고 싶은 것이다. '엄마, 나 포기하지 말아요. 제 고집을 바른 방향으로 잡아주세요'라는 아이의 숨겨진 말에 귀 기울이자.

 밥을 먹기 싫다고 고집부리는 아이와의 대화법

"안 먹는다고 떼를 쓰면 어떡해. 빨리 먹고 치워야 엄마도 쉬지. 그래 놓고 나중에 또 밥 달라고 할 거면서. 얼른 와"라는 말을 바꿔보자.
"지금은 별로 먹고 싶지 않구나. 엄마 아빠 먼저 먹어도 될까?"
만약 아이가 "아니야"라고 대답하더라도 "그럼 얼른 와서 먹어야지. 먹는다는 거야? 안 먹는다는 거야?"라며 아이의 고집에 관심을 두거나 끌려가지 말고 다시 정확하게 부모의 의지를 전하자.
"우리 식사 시간은 30분 동안이야. 안 먹어도 되니까 이리 와서 시계를 보자."
아이와 함께 시계를 보며 "지금 6시지? 그러니까 6시 30분까지 식사할 거야. 만약 6시 30분 전까지 먹고 싶은 생각이 들면 와서 같이 먹으렴" 하고 말해준다. 이때에도 "네 맘대로 해"라는 말은 금물이다.
'정말 먹지 않으면 어떡하지?'라는 생각이 들더라도 이제 아이의 선택으로 남겨두고 엄마 아빠는 즐겁게 식사한다.

내성적이고
소심한 아이

내성적인 아이는 미래지향적이고 혁신적이다.
내성적인 아이의 '장점을 찾아' 자주 칭찬해주자.

"제가 참관수업만 다녀오면 아이가 더 의기소침해지고 저도 괜히 아이 트집만 잡는 것 같아요. 저도 어렸을 때 내성적이라고 부모님한테 엄청 지적받아서 지금도 머릿속에 '왜 그렇게 소극적이냐?'라는 말이 맴돌아요. 솔직히 어렸을 때 받은 지적들이 아직도 저를 짓누르는 것 같아요. 그래서 아이를 낳으면 절대 성격 가지고 말하지 말자고 했는데 제가 부모님보다도 오히려 더 심하게 야단치는 거 있죠. 인사를 똑바로 크게 하고, 고개도 당당하게 들라고 자주 말해요. 그날도 참관수업을 마치고 온 날인데 아이한테 정식으로 말해야지 싶어서 손을 드는 게 부끄럽냐고 혼을 냈더니, 아이가 저를 물끄러미 보면서 또박또박 말하기를, 손을 든 다음에는 엄마가 자기 대신 발표를 할 거냐는 거예요. 차분하게 말하려던 마음이 싹 가시면서 저도 화가 나더라고요."

상담에서 소심한 아이 때문에 고민을 토로하던 엄마의 이야기다. 이후 화가 난 엄마는 결국 아이에게 하지 않으려 다짐했던 싫은 소리를 했다.

"엄마한테는 꼬박꼬박 말대꾸도 잘하면서 왜 남들 앞에서는 찍소리도 못해!"

"엄마, 손 들고 말하고 싶지는 않지만 내가 할 말은 다 해!"

이 사례를 보면 부모들의 바람이 고스란히 전해진다. 부모는 내 아이가 누구 앞에서든 당당하고 씩씩하며 발표도 잘하고, 자신이 할 말 하면서 남에게 끌려가지 않고 주도적으로 자신의 삶을 살길 바란다.

그렇다면 부모의 이런 소망처럼 당당하고, 씩씩하고 주도적인 삶을 살아가는 내 아이가 되려면 지금 내 아이에게 필요한 것과 아이가 갖추어야 할 것은 무엇일까? 혹시 부모가 아이가 가진 자신감을 더 위축시키는 건 아닐까?

부모는 손들고 앞에 나가서 큰소리로 말하는 것만 중요하게 생각해 남의 이야기를 잘 들으며 자신의 것으로 만드는 과정중인 내 아이의 장점을 보지 못하는 건 아닌지, 자꾸 앞에 나가라고 다그치는 건 아닌지, 내 아이의 내밀한 내면의 힘을 "저렇게 내성적이고 소심해서 어떻게 세상을 살아가느냐"라는 말로 왜곡하고 있는 건 아닌지 돌아보아야 한다.

내성적이라는
용어가 주는 불편함

'씩씩해 보여서' '활기차 보여서' '남한테 지지 않고 살 것 같아서' '자신의 마음을 잘 표현하니 리더십이 있을 것 같아서'

부모가 외향적인 아이를 원하는 이유일 것이다. 내 아이가 자기 표현을 못하면 남에게 '당하고 살면 어쩌지?' 하는 불안감이 드는데, 아이의 성격이 활동적이고 외향적이면 이 모든 우려가 싹 가시는 느낌이 든다고 한다.

공개수업이나 참관수업 때 만면에 미소를 짓는 부모는 적극적으로 발표하거나 질문하는 아이를 둔 부모다. 자신의 생각을 말하고, 남 앞에서도 당당하며 목소리도 크니 아이의 미래도 당당할 것 같다. 반면 내향성의 아이를 둔 부모는 걱정이 많다. '저래서 어떻게 이 험하고 거친 세상을 헤쳐갈까?'라는 걱정 때문이다. 자신이 할 말도 못하고, 용기도 없어 보이고, 답답해 보여서 당당한 것과는 거리가 한참 멀게 보인다.

하지만 내향성 아이가 가진 특징을 단지 '소심함'으로 몰면 아이의 마음은 위축되는 동시에 소심해질 수 있다. 말의 효과가 큰 아이들이 바로 내성적인 아이다. 말을 받아들일 때 깊이 생각하는 힘을 가졌기 때문이다. "넌 왜 성격이 그래?"라는 성격 부정의 말이 아닌 '나는 괜찮은 사람이야'라는 격려가 되는 말을 많이 해야 한다. 이런 말이 내향성의 아이를 자신감 있게 키운다. 타고난 기질과 성격을 고치려다 아이의 기를 죽이지 말고 아이가 가진 고유성을 잘 계발해주는 것으로 방향을 바꾸어보자. 내향적인 아이의 특징을 잘 살펴보면 엄청난 잠재력을 가진 것을 알 수 있다.

다음은 용어 선택이다. 내성적이라는 말이 부모 마음을 불편하게 할 수도 있다. 내성적이라는 것은 내면으로 깊이 성찰한다는 뜻이지만 '겉으로 드러내지 않고 마음속으로만 생각하는'이라는 사전적 의미가 불안을 부추긴다. 내면을 향한다는 '내향'이란 의미로 바꾸어 생각하면 마음이 훨씬 편안하다는 부모도 있다. 감정을 드러내지 못하는 게 아니라 밖으로 표현하기 전에 먼저 자신의 내부를 향해 말을 걸고 생각한 후 드러낸다는 뜻으로 제대로 해석했기 때문이다.

아이를 대하는 부모의 태도가 아이 자존감에 영향을 주므로 '내향'이든 '내성'이든 부모에게 좀더 긍정적으로 와닿는 용어를 선택해 사용하는 게 아이를 대하는 데 도움이 된다.

내향성 아이가 가진
장점들

미국의 심리학자 이사벨 마이어스(Isabel Myers)와 그녀의 어머니 캐서린 브릭스(Katharine Briggs)가 칼 융(Carl Jung)의 심리유형론을 토대로 성격 유형을 나눈 MBTI(Myers-Briggs Type Indicator)는 성격과 성향을 이야기할 때 자주 거론된다. 대체로 외향성, 즉 E(extraversion)유형은 폭넓은 대인관계를 유지하며 사교적이고 열정적이며 활동적이다. 내향성인 I(introversion)유형은 깊이 있는 대인관계를 유지하며 조용하고 신중하다. 또 어떤 일이든 이해한 다음에 결정하는 특징이 있다.

에너지 방향이 외부로 향하는 사람은 외향성, 에너지 방향이 내부로 향하는 사람은 내향성이라고 한다. 에너지 충전을 어떻게 하는지로 접근하면 외향성은 다른 사람과의 교류를 통해 에너지를 충전시키는 반면, 내향성인 사람은 자기 내부에 주의를 집중하며 에너지를 충전한다. 그래서 집중력이 뛰어난 특징을 보인다.

사교적이고 자기 표현을 좋아해 남과 어울릴 때 자신을 잘 표현하는 특징을 가진 아이가 참관수업에서 두드러져 보인다. 하지만 남의 이야기를 잘 들으며 자기 내부에 집중해서 신중하게 이해하고, 자신의 세상을 구축해나가는 내향적인 내 아이의 장점을 외향성과 비교해 "넌 왜 발표를 안 해?" "나가서 말할 때 목소리가 그렇게 작으면 어떡해?"라고 성격 결함인 듯 말한다면 내향성 아이의 장점은 발현되지 못하게 된다. 아이가 자신에 대해 신뢰하지 못하고 부족한 사람으로 인식하기 때문이다.

세상은 집중력이 뛰어나고 창의력이 월등한 사람을 원한다. 내향적인 아이는 미래지향적이고 새로운 시도를 하는 경향이 높다고 한다. '멈칫거리고 두려워하며 부끄럼 많은 내 아이가 미래지향적이라고?'라는 의구심이 든다면 세계적으로 주목받는 사람을 떠올려보자. 워런 버핏(Warren Buffett)과 앨 고어(Al Gore), 마하트마 간디(Mahatma Gandhi), 알버트 아인슈타인(Albert Einstein)은 내향성의 표본인 인물이며 내성적인 사람들은 혼자일 때 가장 혁신적이고 창의적일 수 있다. 세계적인 베스트셀러이자 내향성에 대한 놀라운 통찰로 널리 알려진 수잔 케인(Susan Cain)의 책 『콰이어트 Quiet』와 TED 강연에는 내향성의 사람들이 세상을 이끄는 더 많은 사례가 있어 참고할 만하다.

내향성 아이의
자존감 씨앗은 당당하다

자존감의 핵심은 함부로 상처받지 않고 불필요한 감정낭비를 안하는 것이다. 남의 의견은 참조하되 휘둘리지 않는 힘도 자존감에서 나온다. 자신을 사랑하므로 타인에 의해 자신의 사랑을 의

심하지 않는다. 이런 이유로 자신감도 있다. 앞에서 살펴본 대로 내향성의 특징은 자존감의 특징과 잘 맞닿아 있다.

내성적이란 말은 소심함을 뜻하는 단어가 아니다. 세심하며 배려가 많다는 뜻이고, 공감능력이 뛰어나다는 것이다. 자존감의 건강한 씨앗을 가지고 태어난 내성적인 내 아이를 자존감 높게 키우는 몇 가지 방법을 살펴보자.

먼저 내향성 아이에게 피해야 할 말을 기억해야 한다. 알고 보면 내향성 아이의 자존감을 망치는 대표적인 원인은 아이를 대하는 부모의 잘못된 태도다. 지금부터 피할 말은 피하고, 장점으로 바꾸어 말하는 연습을 하자. 예를 들어 아이의 목소리가 작다면 "목소리가 그게 뭐야. 크게 해야 들리지"라는 말은 도움이 안 된다. 목소리는 작지만 발음이 좋을 수도 있고 표현력이 좋을 수도 있다. 목소리 크기가 평생 작을 리도 없지만 만약 아이가 그 부분에 대해 걱정한다면 이렇게 말해주자.

"네가 최선을 다한다면 다른 사람이 너의 이야기를 들으려고 귀 기울일 거야."

'네가 말하면 다른 사람이 들어줄 것'이라는 말은 긍정적 자기 암시성을 담은 말이며 '내 말은 소중하다'는 느낌을 주어 아이 스스로 자신감을 북돋운다. "그렇게 자신 없게 말하면 누가 듣니?"와 "네가 말하면 들을 거야"라는 말 중 아이의 자존감을 키우기에 어떤 말이 더 좋을까?

지금 내 아이의 목소리 크기가 작다면 당장 큰 목소리로 고쳐줄 수는 없어도 자신감은 불어넣을 수 있다. 사람은 저마다의 아킬레스건이 있다. 아이의 역린만 건드리지 않아도 아이의 자존감은 잘 자랄 수 있다. 내향성 아이는 자신과의 대화를 잘하는 아이라 남의 말도 그냥 지나치지 않는다. 그래서 누구보다 부모 말의 영향을 많이 받는다. 부모가 자신감을 불어넣어주면 내향성 아이의 자존감은 당당해진다.

이제 단점과 약점을 언급하는 것 대신 아이의 장점과 강점을 이야기해보자. 아이가 멈칫거리고 소극적일 때 "넌 왜 그렇게 소극적이니?"라고 하던 말을 "참 꼼꼼하고 신중하구나"라고 바꾸면 된다. 아이가 가진 것을 인정하면 아이가 더 잘 큰다. 내향성 아이는 부모의 걱정만 내려놓으면 참 키우기 괜찮은 아이다. 그럼에도 내성적 성향이 걱정된다면 자존감이 형성되면 아이가 알아서 채워나간다는 것을 믿자.

내성적이고 소심하다고 걱정하는 부모의 걱정이 아이를 소심하게 만든다. 그 걱정을 내려놓고 아이를 바라보자. 걱정스러운 부분 이면에 신중하고 사려 깊으며 세심하고 내면의 힘이 강한 내 아이가 보일 것이다. 발표를 못 한다는 지적 대신 이런 말은 어떨까?

"수업 때 보니까, 너는 친구가 발표할 때 정말 열심히 잘 듣더라. 뒷모습이 참 진지했어. 엄마는 그 모습에 감동했어."

내성적인 아이에게 피해야 할 말 vs. 해야 할 말

- **사례 1. 발표를 앞두고 "떨려요"라고 말하는 아이**

  부모는 내성적인 내 아이가 발표 등을 앞두고 떨고 있을 때, "떨리기는 뭐가 떨려" 하는 말이 아니라 "떨리는구나. 잘하고 싶은 마음이 크면 떨릴 수도 있어. 어떻게 하면 조금이라도 덜 떨릴까?"라는 말로 아이를 격려하며 발표를 잘 할 수 있는 방법에 대해 아이와 의논하고 연습도 해본다.

- **사례 2. 아이의 걸음걸이가 움츠리고 소심해 보일 때**

  "당당하게 걸어. 왜 그렇게 움츠리고 걷는 거야?"라고 다그치지 말고 "어깨 쫙 펴고 걸어볼까?"라는 부모의 긍정적인 제안이 아이의 자존감을 지켜준다.

- **사례 3. 수줍어서 인사하지 않는 아이(무례하게 인사 안 하는 것과 구별해 반응해야 한다)**

  아이가 수줍어서 인사를 제대로 못할 때, "인사 좀 똑바로 해. 인사도 못해?" 하는 말이 아니라 부모부터 먼저 누군가를 만나면 밝은 목소리로 인사함으로써 모범을 보인다.

- **사례 4. "못해요"라고 말하는 아이**

  "왜 그렇게 자신감이 없니?"라는 말은 부모의 주관적인 생각일 수 있으며, 아이의 자존감을 떨어뜨린다. 아이가 자신감 있는 행동을 할 때를 놓치지 말고 칭찬해주자.

- **사례 5. 과하게 수줍어할 때**

  수줍은 성격이 잘못은 아니지만 만약 아이의 성격이 마음에 들지 않더라도 "수줍어하지 말고"라는 말로 지적하지 말고 그냥 '넘어가는 것'이 낫다. 아이가 밝은 표정으로 무언가 표현할 때, 이때를 놓치지 말고 부모도 밝게 호응하며 아이에게 긍정감을 불어넣어주자. 아이 내면의 긍정감은 밝은 표정과 당당함으로 이어지므로 부모가 보이는 밝은 표정과 표현이 중요하다.

거칠고
공격적인 아이

아이의 공격적인 성향을 고치려는 부모의 '독기'가 상황을 더 악화시킨다.
공격적인 아이일수록 더 절실하게 부모의 '온기'를 원하고 있다.

"마음먹고 아이에게 잘해줘야지, 성질내지 말고 차분하게 대해야지 생각한 날은 마치 아이가 '이래도 참을 거예요?' 하듯 더 공격적으로 굴더라고요. 어느 날은 흰자위를 보이며 저를 노려보는 아이를 보며 이러다가 아이를 잡겠다 싶어 문득 두렵고 겁이 났어요."

'독기 빼고 우아하게 아이 키우기' 강연을 하던 날, 상담해온 엄마의 이야기다. 엄마는 거칠고 공격적인 아이 때문에 하루하루가 전쟁 같다고 했다.

"잘하자, 내 탓이다, 아이는 어리다, 그러면서 다짐하고 또 다짐하죠. 하지만 그런 날이면 아이는 더 소리를 지르고 공격적이에요. 솔직히 매를 들었다 놨다 한두 번이 아니에요."

상담을 하던 1학년 경진이 엄마는 말하는 동안 입술이 파르르 떨린다. 자신의 아이에 대해 가감 없이 토로하자니 엄마로서 죄책감이 커진다면서, 그러면서도 아이가 없었으면 좋겠다는 생각까지 한 적 있다고 말하는 엄마에게 무슨 말이 위로가 될까? 이틀 후 경진이와 상담실을 찾은 엄마는 아이의 손을 잡고는 있었지만 따뜻한 스킨십의 느낌은 나지 않았다.

엄마는 처음 상담에서 아이가 아기 때부터 너무 까다롭고, 안으려고 하면 버티고 우는 바람에 자주 안아주지 못했다고 했다. 아이도 시종일관 엄마에게 냉랭한 분위기를 풍겼다.

화내고 욕하고
뒹구는 아이

이런 아이를 키우며 엄마 또한 '~구나' 공감하며 아이의 거친 행동과 감정을 받아주기란 현실적으로 어렵다. "하지 마. 하지 말랬지? 또 할 거야?"라고 말하다가 "너 때문에 내가 정말 미치겠다"라는 말이 엄마도 모르게 튀어나온다고 했다.

아동학대예방 교육도, 무수히 많은 육아서를 읽었어도 마치 부모 말 안 들으려고 태어난 듯 거칠고 공격적인 아이 앞에서는 속수무책이다.

애초에 부모를 시험에 들게 하기 위해 태어난 듯한 아이에게

"하지 말랬지!"라고 말해봐야 그 아이는 또 거친 행동을 한다. 강도 높은 말을 해도 꿈쩍 않는다. 엄마만 더 약이 오른다.

엄마의 독기가 오를수록 아이는 둘 중 하나다. 그때만 잠시 눈치를 보며 말 듣는 척하거나, 그러거나 말거나 엄마가 이기나 내가 이기나 기 싸움을 하는 아이다. 부모는 아이의 거울이라지만 아이의 기질에 따라 아이가 부모의 양육태도를 바꾸어놓는 경우도 꽤 있다.

"저한테 욕해봐야
소용없어요"

경진이가 상담실을 둘러보며 이것저것 만지자 엄마는 "만지지 말고 가만히 좀 앉아 있어" 하다가 "안아주시겠어요?" 하는 나의 요청에 마지못해 아이를 안으려 했다. 하지만 아이가 요리조리 도망간다. 엄마는 말한다.

"보셨죠? 저 애가 저래요. 아무리 애착형성이 중요하다고 해서 노력해도 소용없어요. 아기 때부터 그랬어요."

엄마가 나가고 아이와 남았다. 아이는 잠시도 가만있지 못한다. 연필꽂이를 만지고, 메모지를 넘기고, 책장에서 책을 빼기도 한다. 나는 잠자코 아이를 보았다.

"선생님은 소리 안 질러요? 아, 선생님이라 참으시는 거죠?"

"어떤 거 같아? 참는 거 같아?"

"당연하죠. 소리도 꽥 지르고 싶으신데 선생님이니까 참는 거 겠죠. 하긴 저한테 욕해봐야 소용없어요. 맨날 듣는 건데요, 뭐."

"그래. 참는 거야. 선생님이니까. 선생님인데 소리 지르고 싶다 고 해서 소리 지르면 어떨 것 같아?"

"안 되겠죠."

"그래."

아이가 잠시 침묵을 지키며 나를 바라봤다.

"너는 어떨 때 참아? 예를 들어 선생님은 네가 거친 행동을 하 고 허락도 없이 물건을 막 만지고 그럴 때 참는 거잖아. 그럼 경 진이는 어떨 때 참아?"

아이가 털어놓은 다음 이야기는 기대 이상이었다. 경진이는 자 신의 생각을 정리해서 말할 줄 알았고, 어떤 게 바람직한 건지도 너무나 잘 알고 있었다.

"네가 이렇게 멋진 생각을 하는 아이라는 걸 엄마도 아시고 계 실 거야."

"정말요? 과연 그럴까요? 그러면 정말 좋겠지만 아마 아닐걸 요. 제가 징그럽다고 했어요."

경진이는 지금 자기가 멋있어 보였다면, 그건 자기를 믿어주고 존중해준 것에 대한 보답이라고 했다.

부모의 말에서
독기를 빼자

텔레비전만 보는 습관, 동생을 울리는 버릇, 부모의 스마트폰에만 눈독 들이는 아이, 입만 열면 "너 죽을래?" "싫다니까!" 등 거친 말만 쏟아내는 내 아이의 버릇을 부모는 '모두' 고치고 싶을 것이다. 하지만 지금까지 행동수정을 위해 안 해본 것 없이 다 해봤지만 고쳐지지 않았다.

그럼 이제 바꾸겠다는 결심을 내려놓는 건 어떨까? 아이를 포기하라는 말이 아니다. 고칠 것에 대한 목록을 조금 단순화하자. 그리고 먼저 아이의 행동(태도, 말)을 고치려고 할 때 썼던 부모의 말에서 냉기와 독기를 빼보자.

부모 먼저 거친 말과 행동을 순화해보자는 것이다. 지금까지 해볼 만큼 해보았지만 그럼에도 여전히 아이가 거칠고 공격적 성향이 강하다면 부모의 비법이 결국 비법이 아니었던 것이다. 무엇보다 무서운 것은 아이의 자존감이 무너지고 있다는 사실이다.

'못된 행동을 하는 나쁜 애'라는 요점의 말이 아이가 가장 많이 들었던 말이라면 아이의 마음속 자존감이 들어서야 할 자리에 증오와 적개심이 놓인다. 부모의 독기 어린 말이 아이의 자존감을 떨어뜨리는 것이다.

"왜 그러는 건데? 그러지 말라고 했지?"라는 말은 아이의 마음속에 '난 하지 말라는 행동을 하는 나쁜 아이'라는 생각을 자리

잡게 한다. 마찬가지로 "하지 좀 말라고. 너 때문에 진짜…"라는 말로 인해 아이는 '난 엄마를 괴롭히는 나쁜 아이'라는 생각을 하게 된다.

더이상 열거하지 않아도 공격적 성향이 강한 아이에게 했던 수많은 독기 담긴 말이 떠오를 것이다. 아이의 공격적 성향만큼 부모의 언어도 공격적이었음을 인정하면서 아이와의 대화를 다시 시도해야 한다.

작용과 반작용의
법칙을 기억하자

인격적인 대우를 받아본 적이 없는 아이일수록 공격적 성향이 강하다. 부모는 온갖 방법으로 아이를 바꾸려 했지만 정작 아이 안에 숨은 욕구를 돌봐준 적은 없을 수도 있다. 아이가 거친 행동을 하면 엄마의 양다리 안에 아이를 꽉 안고, 아이의 눈을 보며 훈육해보았다. 하지만 이런 방법은 초등학교 저학년만 되어도 더이상 통하지 않는다.

우화 '해님과 바람'을 응용해보자. 마음을 움직이는 것이 몸을 움직이게 한다. 독기를 뺀 말을 위해 연습을 해보자. 엄마가 혹시 이를 악물고 했던 말이 있었다면 화이트보드나 종이에 써서 읽어보자. 그러면 객관화될 것이다.

또 최소한 "야!" "너!"라는 말만 안 해도 좋다. 그리고 심장이 맞닿을 만큼 꼭 안아주자. 차가움을 녹이는 것은 따스함이다. 자존감의 싹을 키우는 양분은 아이가 '나는 사랑 받는 존재야'라는 느낌을 받는 것이다. 공격적인 성향의 아이가 가장 받지 못한 것이 사랑이고, 사랑받는 느낌일 것이다. 아이를 밀어내는 말, 아이를 고치려고 했던 거칠고 강한 말은 아이를 더 고집 세고 거칠게 만든다.

이미 공격적인 행동을 했을 때 아이 눈을 노려보고 다리 사이에 끼는 등 차가운 접촉을 시도해왔다면, 이제라도 평소에 더 자주 눈을 바라보고 두 팔 가득 안아주는 따뜻한 접촉을 시도하자.

아이의 공격적 성향을 고치려는 부모의 독기부터 빼면 아이도 독기를 내뿜지 않는다. 부모는 스펀지 같고 쿠션 같아야 한다. 거칠고 공격적인 아이일수록 부모의 부드럽고 따뜻한 사랑을 간절히 원한다. 자신을 믿어주고 존중해준 보답이라며 거친 행동을 멈추고 멋진 모습을 보여주려고 했던 공격적인 아이, 경진이가 가르쳐준 비법이다.

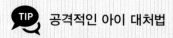 **공격적인 아이 대처법**

• **사례 1. 타인에게 신체적으로 공격적인 아이**

긴 말로 훈계하지 말고 짧은 말로 훈육하자. 그리고 아이의 잘못을 정확히 가르치되 인격적인 모욕감은 주지 않아야 한다. "너 왜 그렇게 못된 짓만 해? 다른 사람을 때리면 어떡해. 사과해 얼른" 하는 말보다 인격적 모욕감을 느끼지 잃게 잘못된 점만 정확히 짚으며 "때리는 행동은 나쁜 행동이야. 때리면 절대 안 돼"라는 부모의 말이 더 효과적이다.

• **사례 2. 자신에게 공격적인 아이**

아이의 화가 가라앉을 때까지 부모가 옆에 있어준다. "너, 두고 그냥 갈 거야"라는 말로 더 흥분하지 않도록 해야 한다. 그리고 아이 주변의 위험한 물건을 치워서 만약에 일어날 위험 요소를 없앤다.

• **사례 3. 언어적으로 거친 아이, 욕하는 아이**

부모가 아이의 욕을 따라하지 않는다. "뭐, 씨? 어디서 그런 나쁜 말을 배웠어?" 하는 엄마의 말은 욕을 반복하고 강화하는 결과로 이어진다. 거친 말에 대해 엄마의 감정을 정확히 말해주고 평소에 감정을 표현하는 연습을 시킨다.

"기분이 나쁠 때는 다른 식으로 표현하는 말이 있을 거야."

"네가 거친 말을 하면 엄마는 화가 나."

"그런 말을 하면 네 말을 듣지 않을 거야."

지적하는 아이,
이르는 아이

지적하고 평가하는 부모의 양육태도를 돌아보고
타인의 장점을 말하는 부모의 모습을 보여주자.

"너 왜 그렇게 다리를 벌리고 앉아. 다리 좀 벌리지 마."

블록놀이를 하는 친구에게 민준이는 또 지적이다. 민준이는 엄마,
아빠, 할머니, 할아버지를 가리지 않고 지적하기 대장이다. 이런 민
준이에게 할아버지는 '우리 동네 훈장님'이라는 별칭도 붙였다고 한
다. 할머니가 소파에 누워 TV를 보면 "할머니, 그렇게 누워서 보면
허리 휘어요. 그러니 맨날 허리가 아프지. 똑바로 좀 앉아요"란다.

아빠가 음식을 소리 나게 먹는다고 지적하고, 동생한테는 편식
한다고 지적한다. 학교에 다녀오면 지적 대신 다른 사람의 잘못을
이른다. 누구는 선생님한테 혼났고, 누구는 욕을 잘한다고 하며 친
구들의 단점만 나열한다.

어느날 선생님과 상담을 한 엄마는 충격이었다. 알고는 있었지만 민준이는 엄마가 생각한 이상으로 지적하고 이르는 아이였기 때문이었다. 그러고 보니 엄마는 민준이가 엄마의 말투를 많이 닮았다는 생각이 들었다.

아이들 중에 유난히 잘 이르고 지적하는 아이가 있다. 인정받고 싶은 마음, 또는 헛헛한 마음 때문이다. 인정받고 싶은데 그렇지 못한 경우에도 아이는 아이 방식대로 자기를 표현해서 관심을 받으려 한다. 다른 사람의 잘못을 지적해야 직성이 풀리고 그 과정에서 우월감을 느끼기도 한다. 스스로가 다른 사람보다 잘났다는 생각을 하면서 자신이 마치 부모나 선생님이 된 것 같은 기분으로 가르치고 지적한다. 자신감이 떨어지거나 자존감이 낮은 경우에 많이 나타나며 자신이 부모로부터 지적을 당할 때 느끼는 수치심이나 불안감을 줄이기 위해 다른 사람을 지적하거나 이르기도 한다.

지적하고 이르는
아이의 심리

지적하는 아이의 심리는 첫째, 우월의식과 열등의식 사이에서 일어나는 모순이 드러나는 것이다. 우월하지는 않은데 우월감을 느끼기 위해 남을 지적하며 이른다. 남을 깎아내리며 자신을 올리고 싶은, 낮은 자존감 소유자의 전형적인 태도다.

둘째, 부모로부터 잦은 지적을 받으며 배운 모방에서 비롯된 태도다. 부모가 아이의 행동 하나하나를 지적하거나 늘 지시하는 경우, 혹은 항상 옳고 그름을 평가하는 양육태도를 보일 때 아이는 습관적으로 다른 사람을 지적할 수 있다. 부모의 말과 행동을 그대로 모방하고 학습해 비슷한 행동방식으로 드러내기 때문이다. 이런 부모 밑에서 자란 아이는 다른 사람의 잘못을 발견하면 평가하고, 내 기준에 맞는 올바른 방향을 제시하는 것이 바른 행동이라고 생각한다.

셋째, 가족으로부터 지적을 많이 받아 형성된 수치감과 불안감, 스트레스를 다른 사람에게 풀면서 해소하는 경우다.

결국 공통점이 있다. 자존감이 낮다는 것이다. 아이의 이런 지적 습관은 바로 잡아야 한다. 그렇지 않으면 또래로부터 환영받기 어렵다. 따돌림을 당할 확률도 높다. 하지만 부모가 아이에게 "지적하지 마"라는 말을 한다고 해서 아이의 이르기와 지적이 줄어들지는 않는다. 오히려 또 '지적을 받는 것'이 되어 강화나 모방이 될 뿐이다. 아이의 지적하는 습관을 줄이려면 자존감 회복이 먼저이고, 가족의 자존감도 함께 돌아봐야 한다. 단점을 보는 것도 습관이고 장점을 보는 것도 습관이다. 아이가 타인의 좋은 점을 보고 그것을 인정하게 하려면 아이 내면이 허전해서는 안 된다. 내면이 공허할수록 관대하기 어렵다. 먼저 아이의 정서적 공간을 자존감으로 풍요롭게 채워주자.

부모의 지적 습관
돌아보기

"저는 길을 가다가도 온갖 지적할 거리가 보여요. '저 사람은 왜 저런 옷을 입니?' 누가 담배꽁초를 버리면 '여기가 쓰레기장도 아닌데…' 하는 말이 저절로 나와요. 그런데 어느 날 아이 말을 듣고 깜짝 놀랐어요. 엄마는 남을 지적하는 게 좋냐고 묻는 거 있죠. 그래서 '옳은 말이잖아'라고 했더니 '하지만 뒤에서 하는 말이잖아요' 하는 거예요."

그리고 보니 엄마가 생각하기에 옳은 말이었지만 아이가 받아들이기에는 '다른 사람 뒤에서 깎아내리는 말'로 들렸던 것이다.

부모의 지적 습관을 돌아보자. 부모가 지적할 때의 태도를 아이가 고스란히 배워도 괜찮은가를 생각해보면 된다.

지적할 때 말투와 태도는 스스로의 자존감을 깎아내리기에 충분하다. 단점과 약점에 대한 지적이 많다는 것은 세상과 사람을 삐딱하게 본다는 것이다. 지적의 내용도 문제지만 그렇게 할 때 아이의 태도로 인해 다른 사람들 또한 우호적이지 않은 태도를 보인다. 삐딱한 아이의 내면과 우호적이지 않은 타인의 시선과 태도가 합쳐져 아이의 자존감이 낮아진다. 옳지 않은 것을 비판하는 것과 자신의 마음에 안 드는 것을 비난하는 것은 다르다. 지적이 좋지 않은 이유다. 지적하는 아이는 먼저 자기 자존감을 깎아내리게 된다.

'지적'은 '가르침'의 품질을 떨어뜨린다

부모의 지적하는 방식도 돌아보자. 지적의 목표는 가르침일 것이다. 그러나 지적의 형식으로는 목표를 달성할 수 없다. 부모가 지적하는 이유는 아이의 자존감을 깎아내리려는 게 아니라 잘못된 행동을 하지 않게 하기 위해서다.

아이가 책가방을 제자리에 두지 않는 부분을 가르치고 싶을 때 "너는 책가방 하나도 제대로 못 놓니?"라는 말을 하면 효과가 없다는 것을 경험했을 것이다. 가르침의 효과는커녕 엄마의 잔소리로 생각해 엄마 말의 격만 떨어뜨린다. 엄마와 아이의 자존감도 낮아진다. 이제는 말할 것은 말하고 아이의 자존감도 지켜주자.

첫째, 현 상황을 정확하게 말한다.

"책가방이 거실에 있네."

둘째, 엄마가 원하는 방향이나 바람직한 행동을 말한다.

"네 방에 책가방을 가져다놓자."

주의할 점은 길게 말하면 잔소리만 될 수 있다는 것이다. 그러면 효과가 낮아진다. "매번 말해야 하는 거니? 도대체 네가 알아서 하는 걸 못 봤어. 너무한 거 아니야? 넌 왜 그러니, 정말." 이렇게 아이의 잘못된 행동만 말한다면 지적하는 것이 될 뿐이다. 부모가 전하고자 한 말이 무엇인지 정확하게 표현하자. 지적과 가르침은 종이 한 장 차이다. 하고자 하는 말이 무엇인지 마음을 다해 정확하게 보여주어야 한다.

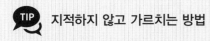

TIP 지적하지 않고 가르치는 방법

• **부모의 마음을 표현하는 제안 화법이 좋다.**

지적보다는 제안의 형식으로 부모의 마음을 그대로 보여주자. "날씨도 추운데 그 옷차림이 뭐니?" "옷 입은 것 좀 봐라" 등은 그저 잔소리로 들릴 뿐이다. 부모의 마음은 '날씨가 추우니까 옷을 따뜻하게 입었으면 좋겠다' 하는 것이다. 그럴 때는 "날씨가 추운데 좀더 따뜻하게 입으면 좋지 않을까?"라는 마음을 보여주는 제안의 표현이 좋다.

• **아이가 어른을 지적할 때는 정확하게 가르쳐야 한다.**

아이가 "할아버지는 왜 소리 내며 밥 먹어요. 조용하게 좀 먹어요"라고 말했다면 다음과 같이 한다.

첫 번째, 아이를 다른 곳으로 데려가 말한다.

두 번째, 이유와 상황을 파악하기 위해 왜 그렇게 말했는지 물어본다.

세 번째, 타인조망능력, 즉 역지사지의 경험을 할 수 있도록 그런 말을 들은 할아버지의 기분이 어땠을지 물어본다.

네 번째, 제안과 교육을 동시에 이루어지게 하는 "네가 그렇게 먹을 때 엄마가 똑같이 말하면 기분이 좋을까?"라는 질문으로 아이 스스로 답을 찾게 도와준다.

다섯 번째, "어떻게 하면 좋을까?"라는 질문으로 아이와 함께 더 좋은 화법에 대해 이야기 나눈다.

여섯 번째, 아이와 의견을 나눠서 좋았다는 격려의 말을 해준다.

두 번째와 세 번째는 순서가 바뀌지 않도록 한다. 역지사지는 자칫하면 '네가 잘못했으니 입장을 바꿔 생각하라'라는 추궁의 뜻으로 전달될 수 있으므로, 먼저 아이가 그렇게 한 이유를 물어본 후에 아이의 마음을 알아주고 그다음 타인조망능력을 키우는 단계로 나아간다.

남 탓하는
아이

두려움이 많은 아이는 남을 탓한다.
남 탓하고 핑계대는 아이의 두려움을 살펴주자.

입만 열면 "자존심 상해"라고 말하는 아이가 있다. 이제 갓 초등학
생인 아이가 자존심을 자주 거론하는 게 의아할 정도였다. 자존심 상
한다는 게 무슨 의미냐고 물어보니 "기분 나쁜 거요"라고 표현한다.
왜 기분이 나쁘냐고 물었더니 "애들이 기분 나쁘게 하잖아요"란다.

"자존심이 상하지 않을 때는 언제니?"

"글쎄요. 애들이 잘해줄 때요. 사실은 아무 말 안 할 때요."

친구가 없었으면 좋겠냐고 물으니 "그럼 심심해서 못 살죠" 하
고 답한다. 아이 친구들은 이 아이의 별명이 투덜이라고 했다.

"선생님, 저 애는 진짜 투덜이예요. 맨날 핑계만 대요."

실제로 짧은 시간 아이와 이야기를 나누는 동안에도 핑계와 남
탓하는 말이 정말 많았다.

자존감이 낮은 사람일수록 누군가 자신의 자존심을 건드린다는 말을 자주 한다. 우리 아이가 자존심 상한다는 말을 덜 하게 하고 자존심이 덜 상하려면 아이의 자존감을 키워주어야 한다.

자존심과 자존감은
모두 소중하다

자존감은 누가 쉽게 건드릴 수 있는 부분이 아니다. 타인에 의해 좌지우지되지 않고 남의 말과 태도를 곡해하지 않으며 '그럴 이유가 있을 거야'라고 상대를 이해하려는 마음의 여유도 가지게 한다. 자신을 가치 있는 존재로 여기기 때문에 있는 그대로의 자신에 대해 자부심을 가지며, 경쟁 속에서 스스로 동기유발하는 건전한 경쟁심리를 유지하는 등 긍정감을 가진다.

자신에 대해 긍정적인 마음을 느끼면 누군가에 의해 쉽게 자존심이 상하지 않는다. 자존심이 자존감의 하위 요소는 아니지만 분명한 건 자존감 높은 사람은 자존심 상할 일이 적다는 것이다. 자존감이 높다고 자존심이 요지부동인 것은 아니지만, '투덜이'라는 별명을 듣는 아이라면 분명히 자존감을 높이는 데 도움을 주어야 한다. 남 탓과 핑계가 많으면 주변인과의 상호작용이 점점 부정적으로 이루어지기 때문이다.

배가 고프면 아무 음식이나 가리지 않고 먹을 수 있다. 그래서 아이의 정서가 허기지면 두려움, 경계심 등 부정적인 감정과 남 탓하는 마음이 급급하게 채워진다. 아이의 자존감을 높여주어야 한다.

남 탓과 핑계,
두려움을 살펴주자

핑계가 유독 많은 아이는 부모 말이 끝나기도 전에 변명하고 핑계를 대느라 바쁘다. 그러다가 부모한테 또 혼난다. 그러면 다시 이런저런 핑계를 댄다. 문제의 이유에 자신은 없고 남들만 있다. 아이가 주체적이지 않다는 의미이기도 하다. 아이는 핑계를 대면 위기상황에서 피할 수 있을 거란 생각을 한다.

자기방어적인 아이의 약한 마음을 먼저 알아주어야 아이의 자존심이 상하지 않으면서 자존감이 올라간다.

자기 방어와 핑계가 습관이 된 아이에게 "넌 입만 열면 핑계야. 잘못했으면 잘못했다고 인정을 해야 멋진 사람이지"라고 말하면 아이는 엄마 탓으로 핑계를 돌린다.

"내가 언제? 엄마가 맨날 이상한 말만 하잖아."

이럴 때 엄마도 아이도 자존심이 상한다. 이제 이런 방법으로 접근해보자.

아이가 핑계를 대면 "변명하지 마"라고 하지 말고 우선 핑계를 들어주자. 억울한 마음에 그럴 수 있고, 자신의 마음을 정확하게 표현하지 못하는 답답함 때문에 혹은 혼날까봐 두려워서 그럴 수도 있다. 총체적으로 아이의 감정은 혼란스러운 상태인 것이다. 이때 부모가 또 몰아붙이면 아이의 자존감과 자존심만 상처 입는다. 핑계와 변명을 들어주며 어루만져주는 것이 먼저인 이유다.

마음이 회복된 아이가 부모의 말도 잘 듣고, 아이들과의 관계도 이어간다. 투덜거림과 핑계가 많다는 건 자신에 대해 자신감이 없어서다. 핑계를 대지 않으면 자신이 오롯이 책임져야 하는데 어린아이에게는 아직 책임질 힘이 없다. 그 힘을 길러주려면 "괜찮아. 그럴 수 있어. 실수는 누구나 해. 이제부터 어떻게 풀어나가는지가 중요한 거란다"라는 '과거'가 아니라 '현재'에 초점을 두는 부모의 말이 필요하다.

핑계가 지난 일에 대한 변명이라면 책임은 지금에 충실한 것이다. 책임감은 위험감수와 번거로움, 수고 등의 용기가 필요한 덕목이다. 아이의 핑계와 남 탓의 이유를 들어주면서 아이 자신을 돌아보고 인정과 용기, 책임에 대해 생각해보도록 해야 한다. 이때 전제조건은 아이의 핑계와 변명을 어루만져 마음을 풀어주는 것이다. 얼음이 녹아야 물이 되어 움직이듯 아이의 마음이 풀어져야 모든 게 가능하다.

남 탓하는 아이,
혼내지 말고 먼저 안아줘라

도서관에 갔는데 떠드는 아이들이 너무 많다고 탓하며 아이가 투덜댄다. 아이가 "공부하는 애들이 없어요. 다 떠들기만 해요"라고 말했다. 이럴 때 부모는 어떤 말로 반응하면 좋을까? "넌 어쩌면 그렇게 안 좋은 것만 보니? 다른 애들 이야기하지 말고 너나 떠들지 마"라고 한다면 부모 또한 아이를 탓하는 말을 한 것이다. "도서관에서 떠드는 친구들도 있구나. 다른 사람 공부에 방해될 수 있는데"라고 아이가 말한 내용을 토대로 객관적 상황만 말하자.

'탓'의 사전적 의미를 보면 아이의 낮은 자존감을 잘 설명해준다. 구실이나 핑계삼아 원망하거나 나무라는 일, 그리고 주로 부정적인 현상이 생겨난 원인을 일컫는다. '잘되면 내 덕, 안되면 남 탓한다'라는 말처럼 모든 일의 원인을 자신에게 찾지 않고 남에게 찾으며 남을 칭찬하는 데도 인색하다.

자존감은 나를 존중하는 것뿐만 아니라 다른 사람을 인정하고 존중하는 마음이다. 주변 상황에 늘 불만이고 주위 사람들이 매사 마음에 안 들면 아이의 표정과 말투, 행동 또한 불평투성일 수밖에 없다.

비판과 불평은 다르다는 것을 부모가 먼저 보여주어야 한다. 아이로 인해 문제가 생겼어도 아이 탓으로만 몰지 말고 문제해결에 초점을 맞춘다면 부정적 자아상으로 왜곡되지 않는다. 문제를 해결하면서 지혜를 얻으며 자존감이 키워진다. 부모의 노력한 번에도 우리 아이의 자존감이 부쩍 큰다.

넌 사랑받는 존재야, 아이를 안심시키는 말 한마디

누군가 자신을 이해하려는 태도를 보이면 아이가 굳이 '탓'과 '핑계'라는 무기를 사용하지 않게 된다. 핑계는 아이가 자기를 보호하려는 방어기제일 뿐 부모에게 거짓말하고 대드는 것이 아니다. 자신의 핑계를 부모가 받아들이지 않으면 아이는 우기며 대들 수도 있다. 그럴 때 "뭘 잘했다고 대들어?"라는 말 대신 "할 말이 많은가 보구나. 천천히 말해줘. 엄마가 들을게"라고 하면 흥분해서 핑계를 대는 아이의 말 속도가 조절되고, 격한 감정도 줄어든다.

아이는 궁지에 몰려 남 탓하는 것이지, 탓하기를 좋아해서가 아님을 알아주어야 한다. 이 점을 알아주면 '난 소중한 존재야. 봐, 엄마도 이런 상황에서 나를 이해하려고 하잖아. 난 사랑받는 존재야'라는 느낌이 아이의 자존감을 일으켜 세운다. 사랑받는다는 긍정적 존재감이 자신의 가치를 높이는 기제로 작용해 굳이 남의 약점을 찾지 않고도 상호존중의 방식으로 관계를 맺을 수 있게 만든다. 부모의 가르침과 사랑이 제대로 전달되어야 진짜 아이를 사랑하는 것이 된다.

지그문트 프로이트(Sigmund Freud)의 정신분석이론을 살펴보면서 새삼 깨달은 것은 '자존감 형성'은 태내에 있을 때부터 부모의 사랑으로 시작된다는 것이다. 배를 어루만지며 아이에게 전했던 "아가, 널 사랑해"의 그 느낌으로, 지금 내 아이의 핑계와 남 탓하는 말을 들어주고 품어준다면 아이의 핑계는 길어지지 않을 것이다. 남 탓과 핑계로 소모되었던 에너지가 자기성찰로 전환되어야 자존감을 키우는 에너지로 승화된다.

남 탓하고, 핑계대는 아이와의 3가지 대화법

---

1. 무조건 아이를 꾸짖지 말고 핑계일지라도 들어주자.

"그 애가 먼저 욕해서 나도 그랬어요"라고 아이가 말할 때, "조용히 해. 또 남 탓이야. 네가 잘했어도 그랬겠어?"라는 말은 효과가 없다. "그 애가 먼저 욕해서 속상했구나"라며 아이의 말(변명이라고 생각하지 말고)을 들어준다.

2. 중요한 것은 부모의 태도다.

아이가 매번 남 탓하고 핑계댄다는 부정적 생각을 내려놓고 아이의 핑계와 변명을 들어주어야 효과 있다. 아이의 남 탓 습관을 수정하려면 탓하는 말에 담긴 아이의 진심을 들여다 보자.

3. 차츰차츰 나아질 거라고 믿으며 가르치고 알려주자.

아이의 말을 잘 들어주고, 부모의 의견을 말하며 바람직한 방향으로 변하게 해주어야 한다.

때로 1, 2의 과정을 거치는 동안 부모가 가르치지 않아도 아이 스스로 깨닫기도 할 것이다.

감정 기복이
심한 아이

부모의 일관되지 못한 육아가 아이의 감정 기복을 심화시킨다.
부모가 감정을 잘 다스리는 '부모다움'을 보일 때 아이가 변한다.

"시온아, 색연필 좀 가져다주겠니?"

시온이가 사뿐사뿐 색연필통을 가져온다.

"선생님, 어떤 색이 필요하세요?"

"아, 빨간색 하나만 필요했는데 선생님이 그냥 색연필이라고 말
했네."

"괜찮아요. 그럴 수도 있죠. 그래서 그냥 제가 다 가져왔어요."

7세 시온이는 두 손으로 색연필통을 들고 선생님이 빨간색 색연
필을 꺼내자 "가져다둬도 될까요, 선생님?" 하고 말한다.

오늘은 시온이의 기분이 좋은가 보다. 온 유치원에 명성이 자자
한 시온이라 다른 반 선생님도 한마디 한다.

"선생님, 오늘은 시온이 기분이 좋은가봐요."

시온이는 2년째 유치원을 다니고 있다. 6세에 유치원에 온 시온이는 입학한 이튿날부터 유명인사가 되었다. 아이의 입에서 심한 욕이 나온 건 10년 넘은 교직생활에서도 처음 있는 일이라 시온이 담임선생님도 크게 당황했다. 욕을 한 이유는 옆에 있던 아이가 자기를 밀었기 때문이라고 했다. 선생님이 어떻게 수습할 사이도 없이 "미친!"이라는 욕이 나왔다. '잘못했다'라는 말을 상대 아이가 바로 하지 않아서라는 이유였다.

오르락내리락 마음이 내키는 대로 하며 감정 기복이 심한 아이. 기분이 나쁘면 어른도 잘 안 하는 욕을 하는 시온이지만, 기분이 좋으면 누구도 따라할 수 없을 만큼 상냥한 태도를 보여 선생님들도 놀랄 지경이다. 더 놀라운 건 시온이 엄마는 시온이가 욕하는 것을 한 번도 들어본 적이 없다고 한 것이다.

문제아는 없고
문제부모가 있다?

심각할 정도로 자기 마음대로 말하고 행동하는 시온이는 돌려 말할 필요 없이 분명 문제가 있다. 여기까지 들으면 시온이의 엄마에게 문제가 있을 거라는 생각이 들 수도 있다. 하지만 등원 시간 때 보면 시온이와 시온이 엄마는 단짝처럼 사이가 좋다. 키도 크고 체격도 좋은 7세 시온이를 엄마는 안고서 현관까지 온다. 하원 시간에는 모녀가 만나면 동시에 "보고 싶었다"하며 서로 온 얼굴에 뽀뽀 세례를 한다. 엄마는 현관에서 딸을 안아 차까지 데려간다. 엄마와 시온이를 보면 의아한 생각이 든다. 문제아는 없고 문제부모가 있다는 이론이 영 안 맞는다.

입학 이후 선생님은 시온이가 욕을 할 때마다 꾸준히 지도했다. 하지만 그래도 시온이의 말 습관은 쉽게 고쳐지지 않았다. 평소보다 더 심한 욕을 한 날, 시온이에게 '그건 생각 주머니가 작은 어른이 하는 욕'이라고 알려주자 시온이는 말 그대로 눈을 동그랗게 뜨고 말했다. 시온이가 한 말은 그동안의 모녀 사이를 의심스럽게 하는 말이었다.

"우리 엄마도 나한테 하는데 어때서요?"

하원 시간에 만난 시온이와 엄마는 애틋하고 유별난 사랑으로 서로 얼싸안는 사이였고, 서로의 얼굴에 입을 맞추고 시온이의 신발을 들고 아이를 업고 가는 시온 엄마였다.

그날도 시온이는 수업 시간에 기분이 나쁘다면서 아이들에게 심한 욕을 했고 선생님이 욕하는 것을 제지하자 이렇게 말했다.

"왜요? 내가 나한테 하는 욕인데 그것도 안 돼요? 선생님한테 하는 것도 아니고 친구한테 하는 것도 아닌데 왜 안 돼요?"

그날 하원시간에 엄마의 등에 찰싹 업혀 가는 시온이의 뒷모습을 보며 선생님은 엄마와 진지한 상담을 해야겠다고 생각했다.

자기조절능력이
부족한 아이

친구가 조금만 건드려도 "야!"하며 괴성을 지르고, 기분이 좋으면 "이거 쓸래?" "이거 갖고 싶어?" 하며 친구가 귀찮아해도 과잉친절을 베풀며, 심지어 기분이 좋으면 장난감 정리를 하면서도 "내가 치워줄까? 말만 해. 언제든 도와줄테니까"라며 과하다 싶을 만큼 친구들에게 친절한 아이라면 아직 어려서 자기 기분대로 하는 것이라고 이해만 해서는 안 된다.

선생님이 "시온이 오늘 정리 잘하는구나" 하면 더 신나서 "이 정도야 문제없죠"라고 말하며 블록이 가득 든 바구니를 번쩍 들어 옮기지만 어떤 날은 10번의 칭찬도 효과 없는 것은 물론 무슨 말만 해도 "알았다고요오" "아니라고요오" 하고 '요'를 길게 빼며 짜증내는 아이라면 아이 스스로 감정을 조절할 때까지 기다려 줄 일이 아니라 도와주어야 한다.

시온이가 제일 많이 하는 말은 "야, 너 진짜 죽을래?"이고 그다음이 "아니라고요…"이며 '깜짝 놀랄 내용을 담은 욕'도 나오는 대로 한다.

감정을 조절할 수 있는 아이가 자존감이 높다. 자존감의 구성 요소 중 '자기조절능력'을 떠올리면 된다. 감정 기복이 심한 아이의 잘못된 행동을 아이라고 이해하며 그냥 지나치기엔 위험하다. 감정 폭발이 아이 자신부터 파괴시키기 때문이다.

부모의 감정 기복이
아이의 감정 기복으로 이어진다

"아빠는 나를 좋아합니다. 말 잘 들을 때만. 엄마는 나를 사랑합니다. 기분 좋을 때만."

공익광고에 나왔던 카피다. 아이가 예쁠 때는 정말 예쁘다. 천사 같다는 말이 그저 비유가 아닌 듯하다. 하지만 미울 때는 세상에 누가 아이를 천사에 비유했나 싶을 정도다. '내가 이 아이의 엄마가 아니었으면 좋겠다'라고 생각했다는 어느 엄마의 이야기가 떠오른다. 미울 때는 너 때문에 미치겠다는 말도, 너 때문에 못 살겠다는 말도 나오는 순간이 있다. 부모라서 하고 싶은 말을 참고, 부모라서 치미는 화를 조절하지만 부모도 사람이라서 감정 조절이 안 되는 때도 많다. 아이를 키우는 지난한 과정과 "아이가 유별나게 까다롭다"고 말하는 경우에는 부모 또한 변하기도 한다. 아이 때문에 부모도 변하는 것이다.

이렇듯 아이의 모든 게 부모 탓은 아니지만 감정 기복이 심한 아이 뒤에는 감정 기복이 심한 부모나 가족이 있다. 기질적으로 예민한 엄마의 경우에는 까칠하게 아이를 대하기도 하고, 완벽한 육아를 하려다 부모 스스로의 벽에 부딪혀 상처를 입는 경우, 아이 위주의 육아를 하려다 뜻하는 대로 되지 않는 경우에도 엄마의 감정 기복이 심해지기도 한다. 아이가 예쁠 때는 너무 예쁘고, 미울 때는 절망스럽게 미운 감정이 생겨 감정 기복이 커지는 것이다. 부모가 보이는 이중적인 모습을 자주 대하는 아이는 인격 형성에 심각한 장애를 겪을 수 있다.

사랑하는 부모의 기분이 조변석개(朝變夕改)로 변하니 아이로 서는 헤아릴 수가 없으며 부모의 사랑을 확인하고 의심하느라 성장에 쓸 에너지를 눈치로 소모한다. 아이의 경우에는 피할 방법도, 끝낼 방법도 없는 것이 부모의 감정 기복이다.

폭풍 같은 엄마의 짜증과 잠시 후 찾아오는 평화의 반복은 아이에게 더 큰 불안감만 준다. 어떤 태풍을 몰고 올지 모르는 부모의 기분에 맞추기 위해 아이는 안간힘을 쓴다. 그렇게 에너지를 소진하는 아이에게 무기력이나 파괴력 강한 분노에너지가 쌓인다. 부모의 감정 기복은 아이에게 분명하고도 심각한 타격을 줄 수밖에 없는 것이다.

아이가 스트레스로 인해 감정 기복이 심하다면 그 스트레스가 불안이나 문제행동으로 나타나듯 자신의 불안을 '욕'으로 표현하는 경우도 있다. 자신이 들은 욕을 자신보다 약해 보이는 사람에게 분풀이하듯 내뱉는 경우다. 욕을 했다가, 상냥했다가, 거친 말을 했다가, 다시 와서 미안하다고 말하며 껴안는 아이도 있다.

시온이의 경우에는 해결책도 오히려 쉽다. 아이의 거친 욕을 들으면 다루기 힘든 것 같지만 사실 그렇지 않다. 부모의 감정 기복을 줄이는 것부터 시작하는 것이다. 엄마가 기분이 좋지 않을 때 아이를 향해 한 말을 녹음해 들어보면 엄마 스스로도 무섭다고 한다. 아이의 감정기복을 고치려고 100번을 노력해도 부모의 감정조절을 위한 각고의 노력이 전제되지 않으면 아무 소용 없다.

또 하나의 방법은 '지나가기'다. 아이의 부정적인 감정에 매번 관심을 갖는 것도 '강화'가 될 수 있으므로 '지나가기'로 접근하자. 칭찬도 지나치면 독이 되는데 아이가 잘못했을 때마다 관심을 보인다고 생각해보자. 아이가 감정이 좋을 때는 함께 좋아하고 기뻐하지만 기분이 나쁘거나 심술을 부릴 때 등의 상황에서는 세 번에 한 번 정도로만 반응을 보이는 것이다.

잊지 말아야 할 것은 부모 자신의 감정 기복에 대한 노력이다. 아이의 감정 기복은 타고난 기질도 있지만, 그 기질을 잘 다듬어 인격적 태도를 갖게 하려면 부모가 감정을 잘 다스리는 '부모다움'을 가질 때 가능하다. 부모다움을 이야기할 때 자주 인용하는 일화를 소개하며 마무리한다.

"우리 아이가 사탕을 너무 먹어서 걱정이 많아요. 사탕을 먹지 못하게 해주세요."

어느 엄마의 요청에 남자가 이렇게 말한다.

"2주 후에 아이를 데리고 다시 오세요."

2주 후에 엄마와 아이가 다시 찾아오자 그는 이렇게 말한다.

"아이야, 사탕을 먹지 마라."

엄마는 그 이야기를 듣고 "그런 말씀이라면 그때도 할 수 있지 않았나요?"라고 물었다. 그러자 그가 말했다.

"2주 전에는 저도 사탕을 먹고 있었거든요."

간디의 일화다.

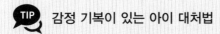 **감정 기복이 있는 아이 대처법**

1. 극과 극을 오가는 말은 자존감을 떨어뜨린다.

아이의 마음속, 분노의 원인은 '사랑받고 싶은데 채워지지 않은 욕구불만족'이다. 엄마가 그동안 아이에게 보였던 극단적인 사랑과 미움의 표현을 돌아보자. '병 주고 약 주고' 수준을 넘어서는 경우가 많았을 것이다. 아이가 예쁠 때는 "너무 예뻐, 우리 딸 맞아? 천사 아니야?"라고 했다가 아이가 마음에 들지 않을 때는 "너 때문에 못살아!" 등의 거친 말로 상처를 준 적은 없는가. 아이의 자존감을 지키기 위해 부모의 감정 기복을 줄이는 일이 선행되어야 한다.

2. 아이가 거친 말을 할 때마다 과잉반응을 보이지 않는다.

먼저 아이가 욕을 하는 이유를 들여다보자. 부모나 조부모가 무의식적으로 혹은 뉴스를 보면서라도 욕을 하는 경우가 많다. 아이가 습관적으로 욕을 할 때는 견디지 말고 자리를 피하자. 아이가 욕할 때 듣는 것만으로도 동참한 것이 된다. 혼내지 말고 아무 말 없이 그 자리를 떠난다. 3번에 한 번은 지적하지 말고 자리를 피하자.

3. 좋아질 것이라는 믿음을 갖는다.

설령 하루 이틀에 고쳐지지 않는다고 포기하지 말자. 부모도 아이도 같이 고쳐나가되, 둘 다 고쳐질 것이라고 믿는 마음이 중요하다. 심리학의 가변이론, 증진이론처럼 '변할 것'이라고 믿고, '고쳐질 것'이라고 믿으며 노력할 때 효과가 높기 때문이다.

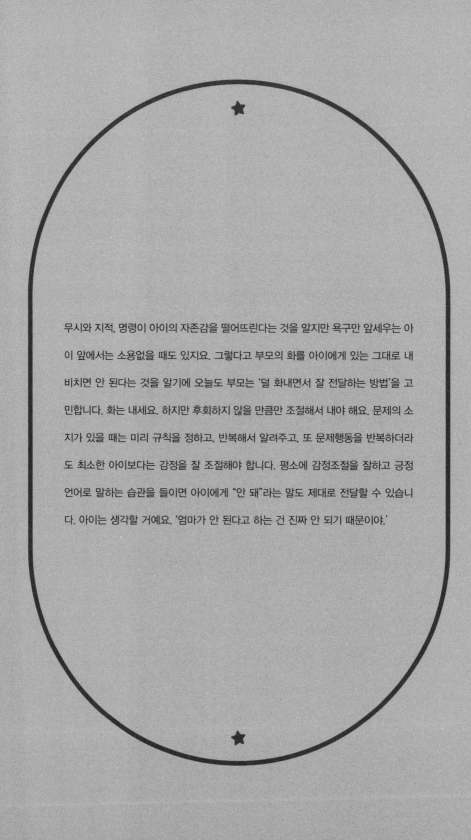

무시와 지적, 명령이 아이의 자존감을 떨어뜨린다는 것을 알지만 욕구만 앞세우는 아이 앞에서는 소용없을 때도 있지요. 그렇다고 부모의 화를 아이에게 있는 그대로 내비치면 안 된다는 것을 알기에 오늘도 부모는 '덜 화내면서 잘 전달하는 방법'을 고민합니다. 화는 내세요. 하지만 후회하지 않을 만큼만 조절해서 내야 해요. 문제의 소지가 있을 때는 미리 규칙을 정하고, 반복해서 알려주고, 또 문제행동을 반복하더라도 최소한 아이보다는 감정을 잘 조절해야 합니다. 평소에 감정조절을 잘하고 긍정 언어로 말하는 습관을 들이면 아이에게 "안 돼"라는 말도 제대로 전달할 수 있습니다. 아이는 생각할 거예요. '엄마가 안 된다고 하는 건 진짜 안 되기 때문이야.'

5장

덜 화내면서
잘 전달하는 것이 중요하다

아이와 함께
규칙을 정하자

아이들은 약속도 잘 잊어버리고 자신의 욕구에만 충실하다.
아이와 '함께' 규칙을 정하고 규칙문을 써보자.

#1.

"한강공원으로 나들이 갈 준비하자."

"와, 신난다. 그럼 공놀이도 하는 거지?"

"그래. 공놀이도 하고, 맛있는 점심도 먹을 거야"라고 엄마가 말하는데 막내가 "엄마, 아이스크림도 사줘"라고 한다. 옆에 있던 오빠도 동생을 따라서 "나도!" 하고 소리친다. 엄마는 문득 지난번 나들이의 기억이 떠올랐다.

"너희들 벌써부터 그러면 오늘 외출 취소야."

"안 돼, 안 돼. 가서 놀기로 했잖아!"

지난번 한강공원에서 아이들과 실랑이를 했던 악몽 때문에 엄마는 외출이 망설여졌다. 하지만 이미 약속한 나들이인 데다 아이들의 기대를 저버릴 수는 없다.

#2.

두 아이를 데리고 밖에만 나가면 부부싸움을 한다는 수현이 엄마는 시댁에 갈 때 특히 아이들을 잘못 키웠다는 말까지 듣는다며 억울해 했다. 그럴 때 옆에서 남편이 아이들을 챙겨주고 놀아주면 좋으련만, 아이들이 가끔 큰 잘못을 할 때만 혼을 내는 게 전부라 집으로 돌아오는 길이 늘 우울하고 남편과 아이들한테 원망스런 마음만 든다.

혼낼 일을 줄여주는
'규칙 정하기'

지난번 외출은 아이들과의 전쟁이었다. 날도 더운데 아이들은 풍선 사달라, 음료 사달라 등 떼를 썼고 결국 중간에 서둘러 귀가했다. 평소에는 얌전하고 착한 아이들이었다.

변신로봇도 아닌데 환경이 바뀌거나 상황이 바뀌면 금방 변하는 아이들이 있다. 호기심이 많을수록 통제되지 않을 때가 많다. 환경이 바뀌었다는 자체가 호기심을 더 자극하고, 아이의 행동반경이 넓어질수록 통제도 어렵다. 정도의 차이는 있지만 아이들에게 나타나는 자연스러운 현상이다. 엄마의 목소리가 더 커지지만 아이들에게는 잘 안 들린다. 공간이 넓어지니 전달력이 떨어지는 것이다. "밖에만 나오면 왜 말을 안 듣느냐"라고 말하는 것도 이런 이유들 때문이다. 즐거운 나들이인데 아이들을 혼내는 일만 반복된다. 나들이의 본래 목적을 달성할 수는 없을까?

나들이 가기 전, 마트에 가기 전, 외식하러 가기 전, 친구나 친척 집에 방문하기 전에 규칙을 정하자. 그리고 이왕이면 제대로 해보자. 부모가 알아서 몇 가지 약속을 제시하고 "약속이다. 알았지? 잘 지킬 거지?" 하는 일방적인 규칙 정하기는 지금까지 별 실효를 거두지 못했을 것이다. 규칙을 효과적으로 정하고, 그 규칙을 반드시 지키도록 해야 한다.

 아이와 함께 단계별 규칙 정하기

1. 부모가 일방적으로 규칙을 정하지 않는다.
2. 규칙은 아이와 협의해서 3~5가지 정도로 한다.
   너무 많으면 실효성이 줄어든다.
3. 규칙은 말로만 정하지 말고 '문서화'한다.
4. 규칙문을 만들고 나서 아이와 함께 읽는다.
5. 규칙문은 반드시 가지고 외출한다.
6. 규칙대로 실천하지 않으면 아이와 규칙문을 함께 읽는다.

드라마틱한 효과가 있는
아이가 만든 '규칙문'

부모가 일방적으로 만든 규칙은 지금까지의 '잔소리'와 별다를 게 없어 아이들의 흥미를 끌지 못한다. 아이는 주도적이기를 원한다. 규칙은 반드시 아이와 함께 만들어야 아이 스스로 책임감을 느끼며 지키려 노력할 것이다. 다음의 대화를 살펴보자.

"오늘 나들이 가잖아. 어디로 가지?"

"한강공원이요!"

"그래, 한강공원에 가는 거지? 정말 신나고 즐겁겠다. 그런데 엄마가 걱정되는 게 있어."

아이들이 지난번 외출에서 있었던 일을 회상할 수 있게 설명해주고, 다시 "그래서 엄마는 걱정이 돼. 어떻게 해야 할까?"라고 물어본다.

"엄마, 우리가 말 잘 들을게."

"어떻게 말을 잘 들을 건데?"

"뭐 사달라고 안 할게."

실제로 이렇게 대화를 해보니 아이들이 놀라울 정도로 다양한 아이디어를 내는 걸 경험했다는 엄마가 있다.

"엄마 속을 들여다본 듯 엄마가 하고 싶은 말을 어찌나 잘하는지 너무 놀랐다니까요. 막상 몇 시간 후면 다 잊어버리기는 해도 아이들 속이 참 깊더라고요."

엄마의 말에 일리가 있다. 그래서 약속을 잊어버리고 욕구대로 행동할 것을 대비해 규칙을 '문서화'하는 것이다. 이때는 화이트보드가 아닌 종이에 적는다. 외출할 때 가지고 가야 하기 때문이다. 아이들과 종이에 규칙을 적어 함께 갖고 나가자. 아이가 아직 한글을 쓰기가 어렵다면 그림으로 규칙을 만들어도 좋다. 아이들의 표현력은 생각보다 대단하다. 아이가 글씨를 쓸 수 있는 경우에는 아이가 쓰고, 그림으로 표현해야 하면 아이가 그린 그림 옆에 엄마가 규칙 내용을 적는다. 여기서 끝난 것이 아니다. 중요한 게 남았다. 바로 아이들과 함께 만든 규칙문을 큰소리로 읽게 하는 것이다. 글로 적고, 큰소리로 읽으면 효과가 더 높다는 연구결과도 있다. 뇌의 감정과 기억중추가 느끼도록 외부에서 소리(정보)를 들려주는 것이 효과적이다.

규칙을 어기면
규칙이 적힌 종이를 보여주자

그럼에도 불구하고 아이들이 규칙을 잊고 문제행동을 반복한다면 부모는 큰소리로 "하지 마라!" "안 된다"라는 말을 할 필요가 없다. 조용히 아이에게 다가가 규칙문을 보여주며 읽어보게 한다. 아이들은 스스로 규칙을 정하고 규칙문을 만들었기 때문에 설령 글씨를 읽지 못해도 자신이 그린 그림과 엄마의 글씨를 조합해 '초기 읽기'의 솜씨를 보일 것이다. 만약 시댁에 갔을 때 아이가 약속을 안 지키면 부모는 이렇게 마무리하면 된다.

"할아버지 물건을 허락 없이 만지면 안 된다고 써 있구나. 어떻게 할까?"

아이가 펼친 규칙문의 마지막에는 이렇게 적혀 있었다. '위의 규칙을 지키지 않았을 때는 5분 동안 조용히 앉아 있는다.'

이렇게 규칙문의 마지막에는 규칙을 어겼을 때의 대안이 반드시 있어야 한다. 그러면 "약속을 지키지 않았잖아. 그러니까 집에 갈 거야" 등 엄마가 일방적인 결정을 내려야 할 상황을 방지할 수 있다. 기껏 아이들이 자발적으로 참여해 만든 주도적인 규칙문을 부모의 강압으로 마무리하는 경우도 예방할 수 있다.

시작부터 끝까지 '아이와 함께' 규칙을 정하고 이를 지키지 않았을 때의 규칙까지 아이가 주도적으로 하게 했을 때, 효과는 더 높아질 것이다. 그리고 규칙대로 실천하는 일을 반복하면서 아이는 말과 행동의 일치를 경험하고, 결정한 일을 책임져야 하는 것도 알게 된다. 아이의 생각을 존중하면서 책임감과 조절력을 높여주는 것이다.

이제 아주 중요한 것이 남았다. 아이들과 귀가하면서 또는 귀가해서 함께 오늘의 규칙문에 대한 평가를 하는 것이다. 이 평가에서는 아이가 규칙을 잘 지킨 부분에 대해 한껏 격려해주는 일이 앞서야 한다. 조금 부족했던 부분은 언급하지 말고 아이 스스로 평가할 여지를 주자.

해낸 일을 적는 사람은 해야 할 일을 적는 사람보다 스스로의 능력과 잠재력을 잘 파악한다고 했다. 해낸 일에 대한 목록을 가지고 있는 사람들은 어려운 업무를 맡아도 '이 정도도 해냈는데'라는 생각을 갖고 자신을 믿게 된다는 것이다.

아이를 규제하는 규칙이 아니라 아이에게 성공감을 주는 계기가 되는 '규칙 정하기'로 아이의 자신감과 자존감을 향상시킬 수 있다. 자기조절력과 책임감도 자연스럽게 길러짐은 물론이다.

"안 돼"라고
단호하게 말하자

부모는 아이의 기를 죽일까봐 "안 돼"라는 말을 자제하려고 한다.
하지만 '제대로 쓰면' 이 말은 아이를 '제대로 키우는' 말이 된다.

#1.

아이가 식당에서 숟가락을 들고 다니며 테이블마다 두드린다.
엄마가 멀리서 아이에게 "하지 마. 얼른 이리로 와서 앉아"라고 말
한다. 아이가 이번에는 다른 테이블에 앉더니 쌓여 있는 컵을 한 줄
로 쭉 늘어놓는다. 엄마가 다시 말한다.

"안 돼, 하지 말라고! 또 시작이다. 그러지 말라니까."

#2.

엄마가 주방에서 식사를 준비한다. 4세 민우가 레인지 손잡이를
자꾸 만진다. "민우, 위험해. 안 되는 거 알죠?"라고 엄마가 민우를

보며 부드럽게 말한다. 민우가 거실로 가는가 싶더니 의자를 가져 온다. 이번에는 그 의자를 놓고 올라서서 냄비를 열려고 한다.

"어머나, 강민우! 너 뭐하는 거야. 위험하댔잖아."

식당에서 테이블마다 두드리는 아이에게 엄마는 "안 돼, 하지 마!"라고 말했다. 하지만 아이의 잘못된 행동은 계속되었다. 아 이에게 "안 돼"라는 말이 분명하게 전달되지 않았기 때문이다. 부모는 아이를 키우면서 "해라" "하지 마라"라는 말을 자주 한 다. "안 돼"라는 말도 그 중 하나다. 하지만 이런 말을 쓰면서 부 모는 뭔가 불편하고 미심쩍다. 부정어라는 생각, 아이의 기를 꺾 을 수도 있는 말이라는 생각 때문이다. 하지만 '제대로 쓰면' 이 말은 아이를 '제대로 키우는' 말이 된다. 부모가 안 된다고 금지 하는 데는 분명한 이유가 있기 때문이다. 정말 안 되는 이유가 확 실할 때 "안 돼"라는 말은 아이의 안전을 지켜주고, 조절력을 길 러주는 소중한 말이 된다.

"안 돼"라는 말은 꼭 필요할 때
확실히 해야 한다

아이가 위험할 때, 다른 사람을 위험에 빠뜨리거나 해를 끼칠 때, 공중도덕과 규칙을 지키지 않을 때 등 명백한 잘못을 바로잡을 때 필요한 조치의 말이 "안 돼"라는 말이다. 그러므로 어떤 말보다도 힘을 실어 부모의 확신을 전달해야 한다.

부정적 감정을 담은 명령어로서의 "안 돼"가 아니라 '아이와 모두의 안전을 위해서' "안 돼"라는 말을 할 때는 섣부른 '열린 질문'의 형식을 띠거나 지나치게 말이 부드러우면 금지에 대한 확고한 의지가 약해진다. 부드럽게 말할 게 아니라 단호하게, 금지의 의도를 정확하게 전해야 아이가 혼란스럽지 않다.

부모의 태도가 부드러우면 아이는 반쯤 허락의 표시로 안다. "위험해. 안 되는 거 알죠?"라는 말이 아니라 "위험해, 안 돼"라고 단호하게 말해야 하는 이유다. 아울러 이 말과 동시에 부모는 위험한 상황에서 아이를 분리시키는 등 부모의 말과 행동이 함께해야 할 때가 있다.

식당에서 테이블을 두드리는 아이에게도 "하지 마. 얼른 이리로 와서 앉아"라는 말을 멀리에서 해봐야 소용없다. '네 행동은 해서는 안 되는 행동이야. 그건 다른 사람에게 폐를 끼치는 것이고 너도 숟가락을 들고 다니다 넘어지면 위험할 수 있어. 엄마 마음 또한 불편하단다'라는 의도를 말에 담으려면 아이에게 빠른 걸음으로 가서 "안 돼"라는 말과 함께 숟가락을 놓게 하고, 아이에게 그 상황을 멈추어야 한다는 것을 인지시켜야 한다. 말로 하는 "안 돼"와 행동으로 하는 '멈춤'이 동시에 이루어져야 효과가 있다.

말은 단호하게,
훈육은 민주적으로

아이의 기를 살리고 싶어서 좋게 말하고 싶다면 "안 돼"라고 말한 후 제대로 훈육하면 된다. 왜 금지시켰는지 확실하고 정확하게 알려주어야 아이는 반항심과 방어적인 태도를 내려놓고 자신의 잘못을 고쳐나가려 할 것이다. 훈육의 과정에서는 아이의 행동에 대해 "안 돼"라고 엄격하게 금지하되 아이를 깊이 안아주며 '너를 사랑해서 안전하고 건강하길 바라는 마음'으로 훈육한 것임을 알려준다. 이것이 바로 "안 돼"를 통해 아이의 자존감을 높여주는 방법이다. 자존감은 조절력이 바탕이 되어야 하기 때문이다.

"안 돼"라는 말 앞에서 주춤거리면 아이의 발달도 주춤한다. 이 말을 '막' 사용하면 아이는 '막' 자라고 이 말을 '잘' 사용하면 아이는 '잘' 자란다. 부모의 "안 돼"라는 말은 약이 되기도 하고 독이 되기도 하므로 협상과 양보의 여지가 없는 원칙에만 이 말을 사용하자. 그러려면 안 되는 행동에 대한 원칙을 세워야 한다. 예를 들어 때리기, 욕하기, 위험한 상황을 만드는 행동, 폐 끼치는 행동, 사회적 약속을 위반할 때 등이 있다. 이때는 길지 않게 가감 없이 말해야 한다.

"때리면 안 돼."

"뛰어내리면 안 돼. 위험해."

절대 안 되는 것에 대해서는 평소에 잘 설명해야 아이가 제지 당할 때 무안하지 않다. 아이로 하여금 자신이 약속을 지키지 않아 부모로부터 금지를 당했다는 것을 깨닫게 해야 한다. 아이가 상처받을까 걱정하며 이 말을 아끼면 아이는 사회에 나가서 친구나 다른 사람들로부터 더 큰 상처를 받으며 배우게 된다.

아이의 좋은 기는 살리고 나쁜 기는 조절하는 게 '세 살 버릇'의 시작이다. 이 시기의 아이는 욕구에 대한 조절력은 부족하지만 주도성과 결정권을 가지고 싶어해서 많은 일을 시도하므로 제지하고 가르칠 일도 늘어난다. 부모의 정확한 지침이 담긴 "안 돼"라는 말이 내 아이를 지키고, 내 아이의 주변을 안전하게 해줄 수 있다.

좋은 기는 살리고, 나쁜 기는 조절하는 훈육

신체적인 기운은 부모가 도와주는 데 한계가 있지만 정서적인 기운은 무한대로 도움을 줄 수 있다. 신체적인 기운 돋우기에는 물질적인 비용이 들어가는 반면 정신적인 기운 불어넣기에는 부모의 말과 표정, 눈빛이면 충분하다. 좋은 기는 아이와 주변을 살리지만 나쁜 기는 아이와 아이 주변을 망친다.

좋은 기를 살리는 게 훈육이며 "안 돼"라는 말이 그 방법 중 하나다. 자존감을 높이는 훈육을 통해 아이의 좋은 기운이 펄펄 살아나게 하자. 주눅들지 않고 당당한 내 아이가 자신의 행동에 자신감을 가지고 올바르게 나아갈 수 있다.

지금까지의 이야기를 정리해보자.

첫 번째, 아이의 잘못된 행동에 대해 길게 말하지 않는다. "안 돼. 때리면 안 돼"라고 말하며 위험한 행동과 상황으로부터 분리한다.

두 번째, 현재 잘못한 행동에 초점을 두고 말한다.

"동생이 네 물건을 만져서 화났구나. 그래서 때린 거였어? 하지만 때리는 행동 말고 다르게 표현할 수 있지 않을까? 엄마랑 연습한 거 해볼까?"

상황에 따라 안 되는 행동의 대안을 이야기 나누는 것도 좋다. 주의할 점은 지난 잘못을 끄집어내지 말아야 한다는 것이다. "너 지난번에도 동생 때려서 다시는 안 한다고 했지?" 등의 말은 훈육의 논지를 흐릴 뿐이다. 현재 문제에만 집중하자.

세 번째, 아이 자체를 지적하는 게 아니라 아이의 행동만 지적한다. "넌 왜 그렇게 나쁘니?"라고 말하면 아이 전체를 몰아붙이는 것이 된다. "때린 행동은 정말 나쁜 행동이야. 안 돼"라는 말로 '잘못한 행동'에 대해서 말해야 아이의 행동도 수정되고 아이 내면에 상처를 주지 않는다.

"안 돼"라는 말을 잘 사용하는 부모는 올바른 훈육을 통해 아이가 '할 일과 하지 말아야 할 일'을 알고 행동할 수 있도록 사회적 능력을 길러준다. 부모의 "안 돼"가 아이의 조절력과 자존감을 높인다.

화내지 않고
아이를 설득하는 방법

자신의 욕구만 내세우는 아이 앞에서 부모도 감정조절에 실패할 때가 있다.
하지만 화를 내지 않고 아이를 설득하는 방법이 있다.

"엄마, 이거 다 사줘."

"어떤 거?"

"이거랑, 이거랑, 이거랑 그리고 이거!"

"그래, 그거랑, 그거랑, 그거랑, 그거랑?"

"응 그리고…."

"너무 많은 거 아니야?"

"다 사줘. 다 가지고 싶어."

"그럼, 먼저 트럭을 한 대 사자. 그리고 트럭을 운전할 기사님도
한 분 구하고, 그 다음은 이런 거 다 둘 수 있는 방이 하나 더 필요
하니까 넓은 집으로 이사를 가자. 그러면 돈이 많이 필요하겠네?"

"웅! 엄마랑 아빠랑 돈 많이 벌어와."

"엄마가 더 많이 일해야 하니까 토요일에도 일하면 이제 우리 재희랑 이렇게 놀 시간도 없겠네."

"…. 엄마, 그냥 나 이거 안 살게."

"그래? 음, 그런데 엄마가 하나는 사줄 수 있어."

재희는 기쁘고 감격스럽게 장난감 하나를 선물 받았다. 좀 전에 전부 다 사달라고 조르던 재희였다.

재희와 엄마의 대화처럼 우리도 화를 내지 않고 아이와 대화할 수 있다. 아이의 욕구를 꾸짖지 않고 화내지 않으며 설득할 수 있는 방법이다.

정색하지 말고
유연하게 대하기

"어떻게 이걸 다 사줘? 집에 같은 장난감이 몇 개야 도대체? 엄마랑 마트 오기 전에 약속했어, 안 했어?"라고 꾸짖으면, 엄마가 말한 내용이 모두 사실일지라도 갖고 싶은 욕구로 가득찬 아이에게 들릴 리 없다. 마트에 오기 전에 엄마와 약속을 했든, 손가락을 걸고 맹세를 했든 눈부신 장난감들 앞에서 엄마와 했던 약속은 순식간에 사라진다. 아이의 샘솟는 욕구가 너무도 강해 부모의 이성적인 말이 들릴 리도 없다. 그런데 사주지도 않을 거면서 혼만 낸다면 어떨까?

아이의 마음을 이해해주자. 경제관념을 교육한다는 마음으로 돈이 없다든가, 아빠가 돈을 많이 벌어오면 사 준다는 말을 하며 정색하지도 말자. 그런 말은 아이 귀에 들리지도 않는다. 평소에 아이 마음이 편안할 때나 통하는 이야기다. 뇌가 흥분해서 감정 중추가 가동되는 아이에게 혼내며 거절하는 건 타오르는 불길에 기름을 붓는 격이다. 엄마가 아이의 욕구에 정색하기보다 엄마와 아이의 눈높이, 마음높이가 다르다는 점을 생각해 아이 수준에 맞추어 말해야 한다.

우선 갖고 싶은 마음을 알아주는 거다. "어머, 그것도 갖고 싶어? 갖고 싶겠다. 그렇겠다"라고 말하며 공감해주자. 엄마도 어렸을 때 얼마나 갖고 싶은 게 많았던가.

아이로서는 경제적 능력은 없는데 욕구는 크니 아이가 가진 능력으로 대처할 수밖에 없다. 그것이 떼쓰기. 울기, 소리 지르기, 던지기다. 갖고 싶은데 거부당해서 공격과 흥분 호르몬인 아드레날린으로 무장된 내 아이에게 보여야 할 태도는 엄마의 정색과 이성적인 논리 대응이 아니다. 물결을 타고 서핑하듯 유연하게 대처하자. 서핑할 때 파도를 이기려고 하면 파도에 휩쓸려 들어간다. 파도의 움직임에 몸을 맡기듯 아이의 욕구와 싸우기보다 같이 느껴주자. 그럼 이런 대화가 가능해진다.

"재희야. 저것도 갖고 싶어? 그래. 갖고 싶겠다. 멋지다. 와, 엄마도 갖고 싶다.”

“엄마도 갖고 싶어? 엄마, 내가 다음에 돈 많이 벌어서 사 줄게. 조금만 참아.”

재희네도 많은 시행착오를 겪고 얻은 지혜다. 아이는 정색하며 설득하는 엄마보다 자기의 욕구를 알아주며 호응하는 엄마에게 안도감과 신뢰감을 느낀다. 화내며 설득할수록 설득의 힘이 약해 진다. 아이의 감정을 알아주고 응수하며 부드럽게 감정을 이끌 때 아이도 부드럽게 따라 온다. 그게 진정한 설득이다.

예측 상황
이야기하기

“안 들어가! 나 죽을 것 같다고.”

치과 앞에서 엄마는 아이의 손을 끌고, 아이는 엉덩이를 바닥 에 대고 기를 쓰며 버티고 있다. 엄마는 제법 체격이 있는 아들을 병원 안으로 들이기 위해 땀까지 흘린다.

간호사가 “괜찮아. 금방 끝나. 안 아프게 할 거야”라고 말해도 “거짓말이야. 무서워 죽을 것 같다고!” 하며 아이는 거부한다.

“그러니까 누가 이 썩게 하래? 너 양치 싫어했지? 단 거나 좋 아하고. 이는 안 닦고!”

엄마의 격양된 목소리는 아이의 울음소리에 묻혀 들리지 않았다. 혼내고, 울고, 설득하고, 야단치는 일이 반복되었다. 결국 아이는 치과에 들어가지 않았다. 땀으로 뒤범벅이 된 아이와 엄마 모두 지쳤을 뿐이다.

어른들도 가기 싫은 곳이 바로 치과다. 엄마는 이미 아이의 반응을 예상했을 것이다. 각오하고 데려왔을지도 모른다. 하지만 꼭 받아야 할 치료다. 아이의 선택에 맡길 일이 아니라 반드시 해야 할 일이라면 설득해야 한다. 그렇지 않으면 혼내고, 소리치고 그럴수록 아이의 반항만 더 커진다.

화내지 않고 아이를 설득하는 방법이 있다. 아이와 예측 상황을 이야기하는 것이다. 이 경우에는 장소가 중요하다. 병원 앞에서가 아니라 출발 전에 집에서 하는 게 좋다.

"치과에 가야 해. 충치를 치료하지 않으면 안 되거든."

아이가 싫다고 울어도 치과에 가야 하는 상황은 변하지 않는다. 억지로 끌고 가는 방법도 있지만 울고, 화내고, 소리치고, 달래는 시간을 절반 이하로 줄이는 방법은 바로 아이에게 예측 상황을 자세히 이야기해주는 것이다.

"무섭긴 뭐가 무서워. 안 아파!"라는 말은 설득이 아니다. 아픔보다 더 무서운 것은 공포임을 인정하고 설득해야 한다. 아이에게 상황을 말해주고 어떻게 하면 '덜 무서울지' 물어보는 것도 좋다.

"엄마가 옆에 있으면 덜 무섭겠어? 그렇게 할게. 약속!"

이런 과정으로 반드시 해야 할 일이라면 설득과 아울러 하도록 해야 한다. 이 과정은 병원 앞에서가 아니라 집에서 하는 게 효과 있다고 한 이유가 있다. 시간과 마음의 여유가 있을 때 설득이 가능하기 때문이다.

괜찮다는 말로는
설득되지 않는다

엄마들이 아이가 무서워하거나 회피하려 할 때 자주 하는 말이 "괜찮아"라는 말이다. 하지만 이 말이 위로가 되지 않을 때도 있다. 아이가 정말 무서울 때는 '난 무서운데 뭐가 괜찮다는 거지?'라고 생각하게 된다. 이럴 때는 아이가 괜찮게 느끼도록 상상의 공포를 줄여주는 것이 도움이 된다. 상자 안에 손을 넣어 촉감으로 알아맞히는 놀이를 생각해보자. 상자 안에 든 말랑한 스펀지조차 처음에는 움찔거리며 만지지 못한다. 하지만 눈으로 스펀지를 확인하면 공포심은 사라진다. 바로 이 원리를 활용하자.

"의자에 누우면 의사 선생님이 입을 벌리라고 하고 치료를 하실 거야."

입안에 닿을 금속의 차가운 느낌도 이야기하자.

"입안에 작은 숟가락 같은 것을 넣을 거야. 그걸로 이를 구석구석 살펴야 치료를 할 수 있거든. 그런데 처음에는 차가울 수도 있어."

"스스스, 소리도 날 수 있어" 하며 의성어와 의태어로 상황극을 해보고, 인형을 가지고 치과 역할놀이를 하는 것도 도움이 된다.

엄마가 치과검진을 받을 때, 함께 하는 것도 아이의 공감을 이끌어내는 방법이다. 엄마 또한 아이와 함께 치료를 받으면 위로가 될 것이다. 아마 아이는 엄마가 자신에게 했던 방법으로 위로하고 공감하며 엄마를 격려하지 않을까?

아이를 키우다 보면 설득할 일이 많다. 아이는 거부하며 자기 맘대로 하려고 해서 부모를 화나게도 하겠지만, 부모는 아이의 감정에 끌려가지 않고, 화내지 않으면서 '설득할 수 있어야' 한다. 그런 부모의 아이가 신체적, 정서적으로 잘 자라며 자존감이 높음은 물론이다.

아이의 반항심을 부추기는
표현을 자제하자

무시, 지적, 명령, 판단의 말들은 아이의 반항심을 부추기는 말이다.
현명한 조건부 화법으로 아이의 반항심을 줄이고 자존감을 높여주자.

"수민아! 너 이리 와봐. 여기가 방이니, 쓰레기장이니?"

엄마가 아이를 향해 손을 까딱거리며 말한다.

"빨리 오라고. 와서 여기를 좀 봐."

엄마는 아이가 오자 턱짓으로 어질러진 방을 가리킨다.

"엄마, 엄마는 좀 좋게 말하면 안 돼? 꼭 화내며 말해야 돼?"

"뭐라고? 엄마가 언제 화냈어? 그리고 너 아까부터 엄마가 책상
치우라고 했어, 안 했어?"

"했지!"

"뭐? 했지? 했지?"

"엄마, 내가 언제 그런 식으로 말했어?"

"그럼 어떻게 말했는데?"

"말투가 완전 다르잖아. 말투가 얼마나 중요한 건데! 알았어.

방 치우면 되잖아. 맨날 야단이야."

"뭐? 맨날 야단? 엄마한테 말버릇이 그게 뭐야. 어쨌든 안 치우

면 용돈이고 뭐고 없어."

그다음 아이에게서 나온 말은 무엇이었을까? "치사해" "됐어!"

"안 받으면 되지"였다.

수민이와 수민이 엄마의 이야기를 들은 엄마들은 다음과 같이

말했다.

"우리 부모들의 말에 아이들 반항심을 부추기는 말이 정말 많

네요."

"왜 저희를
무시하는 거죠?"

수민이는 왜 엄마에게 올 때부터 이미 투덜거리고 있었을까? 엄

마가 수민이에게 용건을 말하기도 전에 이미 부정적인 엄마의

태도가 전달되었기 때문이다.

엄마는 아이를 부를 때 이미 화가 나 있었다. 목소리톤과 크기

가 이를 보여준다. 그에 대한 반응으로 아이는 본능적인 방어기

제가 생긴다. 엄마가 부정적인 언어를 사용함으로써 아이의 방어 기제는 반항심으로 이어진다. '쓰레기장'이란 말로 자신의 방을 부정적으로 표현한 것에 아이는 짜증이 나면서 마음을 걸어 잠그게 된다.

멀리서 부르는 것도 상대에게 존중의 느낌보다 무시하는 느낌을 준다. 진짜 존중하는 사람은 멀리서 부르지 않는다. 먼저 그 사람에게 다가갈 것이다.

그리고 엄마의 비언어적인 언어, 손짓은 많은 말을 내포한다. 엄마는 부른다는 의미를 언어와 함께 손짓을 동원해 정확하게 전하려 했지만, 여러 번 까닥거리는 엄마의 손짓이 아이의 마음을 더 닫게 만들었다. 여기에 엄마의 턱짓이 상황을 더 악화시켰다. 엄마가 자신을 막 대한다는 느낌을 받았기 때문이다. 부모들의 이런 태도와 말투는 아이들로 하여금 엄마의 말을 듣고 싶지 않게 한다.

누구나 좋은 사람의 말을 듣고 싶다. 나를 좋아하고 존중해주는 사람과 마주하고 싶다. 아이들 역시 그렇다. 그래서 수민이가 자신을 함부로 대하는 듯한 엄마에게 마음의 문을 닫은 것이다. 사실 엄마가 전하려 했던 건 아이에 대한 '사랑과 아낌'이었다. 온 몸짓과 표정을 다해 말한 것도 그것을 온전히 전하기 위함이었다. 그러나 딸 수민이는 말했다.

"아무렇게나 대하는 게 무시하는 거 아닌가요?"

존중하고 아끼는 사람에게는 함부로 화를 내지 않는다. 화(감정)가 나더라도 잘 다스리고 조절해서 표현한다. 무시당한 아이는 자존감을 돌볼 수가 없다. 자존감은 자기안전감과 연대감이 높기 때문이다.

자신이 무시당하고 상대가 함부로 대한다고 생각하면 기본적인 신뢰가 무너지며, 자기존재감에 대해 의구심이 들면서 불안감이 높아진다. 아이의 자기불신과 불안은 부모와의 관계, 세상과의 관계를 부정적으로 바라보게 한다. 아이가 자신을 인정하게 하고, 존중받는 느낌을 받으며 안전감을 느끼게 하자. 부모는 아이가 자기비하를 느끼게 하는 말을 하지는 않았는지 돌아볼 필요가 있다. 무심코 했기 때문에 진지하게 돌아보아야 비로소 알 수 있다.

반항심이 들게 하는
조건부 말

"해님반, 얼른 정리 안 하면 밥 못 먹어요"라고 말하는 선생님이 있다. 반 분위기는 자주 어수선하고 선생님의 목소리도 늘 크다. 선생님의 직업만족도는 바닥이다. 반면 초록반 선생님의 직업만족도는 높다. 선생님은 정리 시간에도 이렇게 말한다.

"초록반, 정리를 해야 점심식사할 수 있어요."

아이들도 선생님을 좋아한다. 선생님은 아이들이 자신의 말을 잘 듣는다고 한다.

유치원의 자문위원으로 현장에 가면 느끼는 공통점은 긍정어, 즉 긍정 표현의 중요성이다. 긍정어를 사용하는 선생님에게는 그에 어울리는 환한 아이들이 있다.

"숙제를 안 하면 간식을 못 먹어."

"숙제를 하면 간식을 먹을 수 있어."

같은 조건부인데도 느낌이 다르다. 실제로 인생은 조건부가 많다. 공부해야 성적이 좋을 확률이 높고, 열심히 연습하면 더 좋은 결과가 나올 확률이 높아진다. '~해야' '~하면'이라는 조건부는 격려도 되고 동기부여에도 도움을 준다.

어린 아이에게도 '해야 할 일'이 분명히 있고, '하지 말아야 할 일'도 있다. 이 과정에서 아이가 할 일을 하지 않거나 하면 안 되는 일을 할 때 부모는 아이를 훈계, 독려, 설득한다. 하지만 반항심만 부추기는 경우가 있고, '그렇게 하면 좋겠구나'라는 생각이 들게 해 아이가 실천하도록 하는 부모가 있다.

조건에도 긍정을 부르는 조건이 있고 그렇지 않은 조건이 있다. 육아에서 현명한 조건부 말을 사용해 아이를 바꿔보자. 예를 들어 아이가 또래와 소통할 때 미디어가 소재일 수도 있으므로 과하지 않은 선에서 텔레비전 시청을 허락해야 한다면 이런 조건부도 좋다.

"20분 안에 학습지를 마치면 엄마와 30분 텔레비전을 볼 수 있어."

'~하면 ~할 수 있어'와 '~안 하면 ~못 해' 중 어느 것이 나을지는 듣는 아이 입장에서 잠시만 생각해도 답이 나온다. 특히 아이가 하기 싫은 일을 설득할 때 윽박지르듯이 "너 좋으라고 하는 말이야"라는 말은 '반항심'만 부추긴다. 아이도 부모의 말이 옳다는 것은 알고 있다. 하지만 마음만큼 잘 안 되는 아이의 마음도 오죽하겠는가.

공부, 숙제 등 해야만 하는 일은 직접 해보고 성취감을 맛보아야 좋은 줄 안다. 어른도 책을 읽으면 좋고, 운동을 하거나 식단을 조절하면 좋은 줄 아는데 잘 안될 때, 누가 섣부르게 권하거나 안 한다고 비난하면 반항심만 생긴다. 아이의 그 마음을 이해하며 접근하자. 분명한 것은 부모는 아이가 어떤 일을 하도록 설득해야 하는 입장이라는 것이다.

아이에게 반항심을 일으키는 말이 아니라 '하기 싫지만 하면 좋겠구나'를 느끼게 하는 조건부 말을 하는 게 생각보다 쉽지는 않다. 부정적 조건부 말이 부모도 모르게 툭, 튀어나와버리기 때문이다. 그래서 부모의 말 연습이 필요하다.

"너 숙제 안 하면 눈썰매장 못가는 거 알지?"

"오늘 숙제를 하면 눈썰매장에 즐겁게 갈 수 있을 거야."

때로는
말을 아끼자

지적, 명령, 평가, 판단하는 말의 특징은 말과 함께 부모의 표정 또한 그에 맞게 강압적으로 바뀌어 아이의 반항을 부추긴다는 것이다.

할 말은 하되 아이 입장에서 그 말대로 행동할 이유와 필요를 느끼게 하자. 어차피 부모는 훈육의 말을 해야 한다. 늘 아이가 듣기 좋은 말만 할 수는 없다. 아이를 잘 키워야 하기 때문이다. '아 다르고 어 다르다'라는 말이 있듯이, 이것만 적용해도 효과를 볼 수 있을 것이다.

아이가 글씨를 삐뚤게 썼을 때, 그것을 교정하고 싶다면 "이걸 글씨라고 썼어?"라는 지적의 말보다 "글씨가 칸에 들어가게 또 박또박 써 볼까?" 하는 말이 더 효과가 있다. 아이도 더 잘 알아 듣고 반항심도 생기지 않는다.

아이가 위험한 행동을 했을 때, "몇 번이나 하지 말라고 해야 알아들어. 위험하다고 했지?" 하면 아무리 부모의 말이 옳아도 아이가 잔소리로 들을 수 있다.

지적은 생략하고 "그건 위험해. 하면 안 돼"라고 말하는 것이 좋다. 마찬가지로 아이가 부주의해 넘어졌다면 "넘어지니까 하지 말라고 했지!"라는 말 대신 "괜찮아? 다치지는 않았니?"라는 관심의 말을 먼저 건네야 한다.

부모 말의 기법도 중요하지만 때로는 말을 아껴야 할 때도 있다. 언제, 어떻게 말하는 게 아이가 방어적인 태도를 갖지 않고 반항심이 들지 않게 할지는 말하는 부모가 제일 잘 안다. 아이의 마음을 헤아려 현명하게 접근하자.

진심으로 부모 마음에 드는 말이라면 아이 마음에도 드는 말이다. 부모가 아이 앞에서 마음에 드는 말이 떠오르지 않는다면 차라리 말을 아끼자. 때로는 침묵이 더 나은 상황도 있다. 반항하느라 소모하는 불필요한 에너지를 줄여야 자존감을 키우는 일에 그 에너지를 사용하게 할 수 있다는 말을 기억하자.

💬 TIP 잘 쓰면 약이 되는 조건부 화법

아이에게 조건 없는 사랑을 주는 부모지만 아이가 해야 할 일을 해내고, 책임을 완수하게 이끌어야 한다. 그 과정에서 조건을 내세우는 말도 현명하게 사용하면 아이의 의욕을 끌어낼 수도 있다. 그래야 아이가 자존감을 높이며 건강한 자립도 한다. 조건부 화법으로 아이를 설득해 아이로 하여금 해야 할 일을 해내도록 하자. 조건부 화법은 잘 못 쓰면 독이 되지만 잘 쓰면 약이 될 수 있다.

긍정 조건부 화법의 예
"안 치우면 백화점 못 가게 될 거야."
→ "치우면 백화점에 갈 수 있어."
"네가 숙제를 안 하니까 엄마도 약속을 안 지키는 거야!"
→ "네가 숙제를 마쳐서 지금 놀 수 있는 거야."
"네가 공부를 안 했으니까 게임을 못하게 했던 거야."
→ "네가 공부했었다면 30분 동안 게임을 했을 거야."

격려의 언어,
긍정의 언어로 말하자

내 아이의 장점, 잘한 점을 찾아 격려해주는 데도 하루가 짧다.
지금 바로 긍정의 언어로 우리 아이의 자존감을 키워주자.

상담원서를 쓰는 엄마 옆에서 아이가 말한다.

"나도 저거 쓸 수 있는데."

아이가 말한 '저거'는 바로 원서에 있는 아동과 부모의 이름란이
었다.

선생님이 "그래? 그럼 써볼까?"라고 말했다.

아이는 이제 7세다. 선생님은 수줍어하던 아이가 적극적으로 글
씨를 쓴다니 격려해주고 싶었다. 서툴지만 글씨도 제법이어서 칭
찬하려는 순간, 엄마가 말했다.

"저거 봐, 글씨 좀 잘 써야지. 천천히 또박또박 써. 급하게 쓰지
말고 천천히."

수업이 시작되자 선생님은 "성준아, 엄마 성함도 잘 쓰고, 주소도 정확히 알고 잘 쓰던 걸?" 하고 칭찬했다. 선생님의 말에 성준이가 고개를 들더니 손을 번쩍 들어 하이파이브를 하자고 했다. 그렇게 시작된 성준이와 선생님의 만남은 순조로웠다. 30분 전만 해도 성준이는 엘리베이터에서 내리지 않겠다고 고집을 부리고, 현관까지 끌려오다시피 하며 계속 "안 들어간다!"라고 소리치던 아이였다. 그런 성준이와 선생님의 만남은 이후 즐거운 수업으로 이어졌다. 엄마도 놀라게 한 성준이의 변화였다. 학원을 보내려고 하면 부모의 강압에도 끝내 다니지 않았던 성준이와 선생님의 좋은 관계의 비결은, 성준이가 자신을 알아주는 사람을 만났다는 것이었다.

자존감을 살리는
긍정의 언어

긍정의 언어는 '무조건' 잘한다고 칭찬하는 말이 아니다. "잘 좀 써"보다 "열심히 쓰는구나"라고 격려해주는 것이다. 스무 글자도 넘게 쓴 글씨 중 가장 못 쓴 글씨를 가리키며 "이게 무슨 글자야? 잘 써야 알아볼 수 있지" 하며 지적하는 말이 아니라 제일 잘 쓴 글씨를 골라 짚으며 "이 글자 정말 잘 썼다!"라고 말하는 것이다. 하루 10가지 행동 중에서 긍정적인 부분을 찾아내어 긍정의 언어로 칭찬하는 사람과 실수를 찾아내 부정적인 피드백을 해주는 사람, 두 사람 중 아이가 말을 듣고 싶은 사람은 누구일까?

상담을 하면 성준이 같은 아이들을 많이 만난다. 부모들은 수줍어하는 아이, 소극적인 아이, 적응이 늦은 아이 등으로 표현하지만 알고 보면 자신을 알아주는 사람을 만나지 못하고, 기대 수준이 높은 부모를 만나 좀처럼 '난 유능한 아이야'라는 느낌을 받지 못하고 자란 아이들이 많다. 엄마들은 칭찬도 독이 되지는 않을까 우려할 만큼 아이들에게 긍정의 말을 많이 한다고 자부하는데 왜 그런 걸까?

부모는 아이의 긍정적 행동을 하나라도 놓치지 않고 격려해주는 격려자가 되어야 한다. 잘못한 점만 족집게처럼 집어내는 부모가 아니라 잘한 점을 놓칠세라 관심을 보이는 부모가 아이에게 필요하다.

성준이는 조금 전만 해도 입구에서 들어가지 않겠다는 아이였다. 그러므로 연구소에 들어와 의자에 앉은 것만으로도 칭찬을 받아 마땅하다. 그때 다정한 표정으로 아이를 격려하면 된다. 엄마가 원서를 쓰려고 하자 자기도 글씨를 쓸 수 있다고 말한 것은 방관자적 자세에서 참여적 자세로 바뀐 태도를 보인 것이다. 이때 아이가 보인 관심과 적극적인 자세에 격려가 필요하다. 글씨를 또박또박 잘 쓰고 못 쓰고는 문제가 되지 않는다.

엄마는 원서에 아이의 부족한 점을 '소극적' '사회성 부족'이라고 적었다. 하지만 아이는 원서에서 자신이 알고 있는 글자를 보더니 글씨를 읽을 수 있고, 쓰고 싶다고도 말했다. 이 아이가 왜 소극적이란 말인가? 아이의 자존감은 엄마가 아이의 잘한 점을 찾아 인정하고 의미와 가치를 부여해주면 더 잘 자랄 수 있다. 아이가 소극적이든 적극적이든 내향적이든 외향적이든 상관없다. 누구나 자신을 알아주는 사람을 원한다. 아이는 특히 그렇다.

아이 자존감을 떨어뜨리는
지적의 말

두 가족이 텃밭체험을 왔다. 열심히 땅을 파헤치는 아들을 보며 한 엄마가 말한다.

"아이고, 우리 아들. 농부님처럼 열심히 하네. 거기다 뭐 심을 거야?"

다른 쪽에서도 밭을 일구는 가족이 있다. 아들이 체험에 몰입한 채 땅을 일구고 있다. 엄마는 말한다.

"야, 살살 좀 해. 옷 다 버리잖아. 조심해야지."

같은 시간, 같은 체험을 하며 열심히 집중하는 두 아이들에게 보인 엄마들의 반응 중 우리는 어떤 선택을 하면 좋을까?

아이를 격려하고 더 잘하기를 바라는 말이 오히려 아이의 자존감을 떨어뜨릴 수 있다. '넌 부족하다'는 엄마의 마음을 아이가 읽기 때문이다. "이거 다시 해보자. 더 잘할 수 있잖아"라는 말은 지금 한 것은 부족하다는 뜻이다. 이런 부모는 아이의 잘한 점이 아닌 못한 점을 찾아내는 데 선수다.

내 아이가 좀더 잘하기를 바라는 마음은 안다. 하지만 아이로 하여금 좀더 잘하게 하려는 부모의 말은 긍정적으로, 격려로 아이에게 전해져야 한다. 열심히 텃밭을 일구는 아이에게 살살해야지 옷 버리겠다고 말하기보다 열심히 땅을 일구는 모습을 칭찬하는 것이다.

글씨를 조금 삐뚤게 쓴다면 "글씨를 열심히 쓰네" 하며 열심히 쓰는 것에 초점을 두며 말하자. 만약 좀더 잘 쓰기를 바란다면 잘 쓴 글씨를 가리키면서 "와! 이 글씨 참 잘 썼네" 하며 잘 쓴 글씨를 짚어주면 된다. 하지만 부모가 삐뚤게 쓴 글씨를 가리키며 "알아보게 써야지"라고 지적하면, 민망해진 아이는 엄마 글씨를 지적할 수도 있다.

"엄마 글씨도 엉터리야!"

"엄마 글씨가 뭐, 이만하면 잘 썼지. 왜?"

"엄마는 어른이잖아. 어른 글씨가 뭐 이래?"

엄마와 아들의 대화가 티격태격하는 친구 수준이 되어버리는 것이다.

엄마는 "선생님, 얘가 집에서도 말대꾸가 보통이 아니에요. 어떤 때는 글씨를 쓰다가 조금만 지적하면 막 휘갈겨 써요. 그래서 더 엉망이 돼요"라고 푸념한다.

"잘 좀 하라"라는 말은 어른이나 아이나 부담스럽고 듣기 싫기는 마찬가지다. 그래서 무언가 더 나아지게 하고 싶은 부모의 마음을 아이에게 전하고 싶다면 지적이 아니라 격려하는 '조언'의 형식으로 하면 좋겠다.

순서는 이렇게 해보자. '칭찬하기' '조언하기' '칭찬과 격려하기' 순이다. 예를 들면 우선 '칭찬하기'는 "어머, 이름 잘 쓰네"라는 말 정도면 충분하다. 칭찬이 선행되면 아이의 마음이 열려 엄마의 '조언'이 '지적'으로 들리지 않게 된다. "이 글자는 무슨 글자야? 아, '문'이구나. 엄마도 한 번 써볼까?"라고 말하며 엄마가 직접 잘못된 글자를 바르게 써서 아이에게 보여주는 것이 '조언하기'다. 그리고 다시 "와! 이 글자는 반듯하게 잘 썼네"라고 '칭찬과 격려하기'를 해준다. 이렇게 긍정의 언어로 존중할 때 아이의 자존감이 자란다. 아이를 부정하는 말과 무시는 자존감을 해칠 뿐이다. 아이를 좀더 잘하게 하려는 부모의 조언은 지적이 아닌 격려를 담아야 한다.

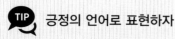 **긍정의 언어로 표현하자**

부모가 평소에 아이에게 하는 말을 보면 의외로 부정적인 표현이 많다. 더 확실하게 전달될 것이라는 생각 때문이다. 부모의 부정적인 표현은 공격으로 느껴져 아이로 하여금 방어기제를 가동시키고, 말대꾸를 하게 만든다. 부모의 긍정적 표현이 아이의 마음을 열리게 하고 그래야 부모의 말을 듣는다.

"아직도 안 입고 뭐해? 안 나갈 거야?" 대신 "지금부터 5분 후에 외출할 거야"라고 조금만 바꾸어 표현하면 효과가 크다.

"이왕 하려면 제대로 좀 해. 정신 차리고" 보다는 "이 문제 다시 살펴보자"라고 하자.

"또 그런다. 쩝쩝 소리 내지 말라니까"라고 소리 내며 음식을 먹는 것에 초점을 두지 말고, "음식을 먹을 때는 소리가 조금만 나게 씹자"라고 말해주자.

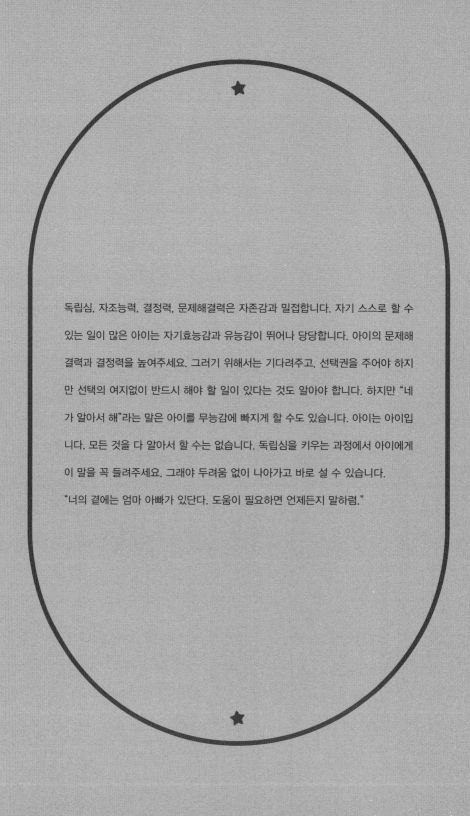

독립심, 자조능력, 결정력, 문제해결력은 자존감과 밀접합니다. 자기 스스로 할 수 있는 일이 많은 아이는 자기효능감과 유능감이 뛰어나 당당합니다. 아이의 문제해결력과 결정력을 높여주세요. 그러기 위해서는 기다려주고, 선택권을 주어야 하지만 선택의 여지없이 반드시 해야 할 일이 있다는 것도 알아야 합니다. 하지만 "네가 알아서 해"라는 말은 아이를 무능감에 빠지게 할 수도 있습니다. 아이는 아이입니다. 모든 것을 다 알아서 할 수는 없습니다. 독립심을 키우는 과정에서 아이에게 이 말을 꼭 들려주세요. 그래야 두려움 없이 나아가고 바로 설 수 있습니다.

"너의 곁에는 엄마 아빠가 있단다. 도움이 필요하면 언제든지 말하렴."

· 6장 ·

독립심을 키워주면
자존감이 높아진다

아이의 독립심은
자존감과 연결된다

아이 스스로 해냈다는 성취감과 자신감을 느끼면 다른 일에도 도전의식이 생긴다.
독립심을 키운다는 것은 '혼자 할 수 있다'라는 마음을 키워주는 것이다.

#1.

"그 옷 입지 말랬는데 결국 입고 갔어? 남들 눈도 생각해야지. 너만 생각하니. 이 날씨에 얼마나 더워 보이는지 알아?"

땀을 뻘뻘 흘리고 귀가한 아들에게 엄마가 말했다. 하지만 아들은 아무렇지 않은 듯 말했다.

"나는 괜찮은데?"

"뭐가 괜찮아? 땀은 줄줄 흘리면서."

"밖에 나가봐. 어떤 옷을 입어도 땀은 난다니까. 엄만 진짜!"

"그렇게 말할 줄 알았어. 네가 언제 엄마 말에 고분고분 따른 적 있어? 네가 알아서 해."

#2.

"가방 가져와 봐. 엄마가 말 안 하면 통신문 안 보여주더라. 얼른 가져와."

"여기요."

"가방 속이 이게 뭐니? 이러면 공부가 돼? 도대체 애도 아니고."

"가방하고 공부는 상관없어요. 언제는 제가 애라면서요?"

"내가 말을 말아야지. 얼른 숙제부터 해."

정우 엄마는 동네에서도 소문난 열혈 엄마다. 솜씨 좋고, 아이 잘 챙기고, 부지런하다. 당연히 아이를 키우는 일도 완벽에 가까울 만큼 잘 챙긴다. 워킹맘이라 시간이 많지 않을 텐데도 그런 내색 없이 항상 열심이다.

정우 엄마처럼 부지런하고 지나치게 치밀한 것이 육아에 도움이 되지 않을 수도 있다는 생각을 한 건 상담을 하면서였다. 정우 엄마의 경우 잘하려고 하다 보니 아이보다 앞서서 무엇이든지 해주는 것이 습관이 되었다.

옷도 잘 입혀야 하고, 신발도 그에 맞게 신어야 하며, 아이가 전체적으로 부족해 보이지 않게 키우는 것이 엄마의 육아관이었다. 워킹맘이기 때문에 혹시 아이에게 소홀해질까봐 엄마는 몸이 열 개라도 부족할 지경이었다. 그런데 문제는 아이가 점점 자랄 수록 엄마와 말이 안 통한다는 것이다.

"안 그랬던 아이였거든요. 얼마나 말을 잘 들었다고요. 그래서 남자아이지만 예쁘다는 소리도 꽤 들었어요. 옷이나 신발, 외모도 그랬지만 엄마 말을 고분고분 잘 따르니까 더 순하고 예뻤던 거예요."

말을 잘 듣는다는 것의 한계는
엄마가 더 잘 안다

정우는 이제 초등학교 3학년이다. 조금 빠른 경우 사춘기에 접어들 나이지만, 엄마는 아이가 엄마 말을 잘 듣기를 바란다. 말을 잘 듣는다는 건 경우에 따라 줏대가 없고 의존적일 수도 있다는 것을 정우 엄마도 잘 안다고 했고, 무조건 잘 들으라는 것도 아니라고 했다.

"의존적이면 절대 안 되죠. 아이가 독립적으로 자랄 수 있게 얼마나 공들였는데요."

다행히 엄마는 정우와의 일상을 녹음한 대화를 분석하면서 스스로 무엇이 문제였는지 알아차렸다. 아이가 엄마의 결정과 지시에 따르기를 많이 바랐던 것, 아이 대신 엄마가 해주는 일이 많았던 것, 어쩌다 아이 마음대로 하면 그에 대한 꼬투리를 잡았던 것 등 엄마는 '다 너를 위한 것'이라는 생각을 자신도 모른 채 강요하며 아이가 복종하기를 바랐던 것이다.

"거봐. 엄마 말 들을 걸 그랬지?"라는 말에 아이가 "네"라고 답하게 강요거나, 이번 옷 사건의 경우에는 정우가 바른말을 했더니 "언제 엄마 말에 고분고분 따른 적이 있어? 네가 알아서 해"라는 말로 아이를 위축되게 했다. 의존적이지 않기를 바라면서 정작 아이가 주도적으로 결정해 결과가 좋을 때는 무심코 지나갔으니, 결과적으로 정우가 칭찬받는 순간은 엄마 말을 듣거나, 엄마에게 의존적일 때뿐이었다.

자존감을 키우는
독립심

5세 유진이가 겨울점퍼를 입고 있을 때다. 지금까지 유진이는 "엄마가 해줘"라는 말을 입에 달고 살았다. 엄마는 자신이 할 수 있든 그렇지 않든 시도도 안 하는 게 유진이의 특징이라고 했다. 아이는 이미 스웨터를 껴입은 상태여서 점퍼까지 입으려니 지퍼를 올리는 일이 잘되지 않았다.

"안 돼. 이거 어려워. 엄마가 해줘."

하지만 엄마는 곧바로 도와주지 않기로 했다. 최근 육아책과 SNS를 통해 엄마는 그동안 지나치게 아이를 '의존형 아이'로 키웠다는 반성을 하게 되었고, 아이의 독립심을 키워주자는 생각을 했기 때문이다. 그래서 이번에는 '아이가 스스로 할 때까지 기다려주기'로 했다.

"우리 유진이는 잘할 수 있어. 시간도 급하지 않으니까 천천히 해보자."

유진이 엄마는 시간에 쫓기는 아침 시간이 아니라 여유 있는 오후 시간을 택해 아이가 스스로 하도록 기다려주는 시도를 했다. 그래야 엄마 마음이 조급하지 않아서 성공할 수 있다는 육아책의 조언 때문이었다. 그리고 아이가 좋아하는 활동을 계획하면 아이가 신이 나서 동기부여가 된다는 것도 활용해 "유진아, 옷 입으면 우리 키즈카페 갈 거야"라는 말도 했다. 하지만 유진이와 엄마의 외출은 없던 일이 되었다. 아이는 결국 지퍼를 올리지 못하고 "엄마가 해줘" 하며 울음을 터뜨렸고, 엄마는 계획대로 되지 않아 화가 났다. 아이는 옷 입느라 힘들었는데 제대로 입지도 못하고, 키즈카페도 못 가서 속상한데 엄마한테 이런 말까지 듣자 결국 울음을 터뜨린 것이다.

"옷도 혼자 못 입고 몇 살이야 도대체? 바보야?"

독립심 키우기도
단계가 있다

두발자전거를 배우는 아이가 있었다. 유난히 무서움을 타는 아들에게 아빠는 "걱정 마. 아빠가 있잖아. 뒤에서 꽉 잡아줄게"라고 말했다. 무서웠지만 아빠를 믿고 시도하던 아이는 몇 번 페달을 밟다가 고꾸라졌다. 뒤돌아 본 순간 자전거를 꽉 잡아줄 거라 믿었던 아빠가 안 보였던 것이다. 이번 기회에 겁도 줄이고 용기도 주고 싶었던 아빠는 아들 혼자 자전거를 타도록 손을 놓았는데 아들은 겁에 질렸을 뿐이었다. "넘어지더라도 그런 과정을 거쳐야 해. 아빠도 그랬어" 하는 훈계는 아들에게 통하지 않았다. 아빠와 아들은 달랐던 것이다. 결국 아들은 고등학교를 졸업할 때까지 두발자전거를 타지 못했다.

아이의 독립심을 키우는 일에도 수위와 난이도 조절이 필요하다. 그래야 독립심이 자존감과 함께 자란다. 아이에게 난이도를 맞추어 도움도 주면서 스스로 해보게 해야 한다. 연습이 필요한 아이에게는 충분한 연습의 기회를 주자.

"아빠가 어디까지 도와줄까?"

"처음 앉을 때는 꽉 잡아줘. 균형잡는 게 어려우니까 그땐 꽉 잡아주고, 좀 달리다가 내가 봐도 된다고 하면 놔줘."

어느 날 혼자 두발자전거를 뚝딱 탔다는 전설 같은 이야기를 하는 사람도 있지만, 반면에 자전거만 봐도 무서웠던 사람은 이 이야기에 더 동감할 것이다. 아이마다 기질만 다른 게 아니다. 같은 일, 비슷한 경험도 각각 다르게 적용된다. 아이를 잘 관찰하라는 이야기를 자주 하는 이유다.

독립심을 키운다고 아이를 방치하거나 두려움만 키우면 아이의 마음속에 독립심 대신 좌절감이 자리한다. 독립심이 자존감으로 연결되려면 부모의 현명한 개입이 필요하다. 아이의 발달상태와 발달단계를 고려해 부모가 적절히 개입하는 것이 "넌 잘할 수 있어"라는 말보다 훨씬 효과 있다.

독립심 키우며
자존감 키우기

"그렇지. 처음에는 지퍼끼리 만나게 하고, 그렇지 잘했어. 그래 이번에는…."

"안 돼. 힘들어."

"그래, 힘들 수 있어. 그래도 잘할 것 같은데? 엄마가 조금 도와줄까?"

"도와줄까?"라는 말을 할 때는 아이와 시선을 맞추자. 아이를 쳐다보는 것은 '네 의견에 따를게'라는 신호를 보내기 위한 것이다. 즉 네가 필요하면 엄마가 도움을 줄 수 있으니 어떤 도움이 필요한지 생각해보고 결정하라는 의미다. 아이는 지퍼를 올리는 경험에서 어려웠던 부분을 생각할 것이고, 지금 엄마의 도움을 받을 것인가 스스로 한 번 더 시도할 것인가를 생각하게 된다. 이런 과정이 주도적인 아이로 내딛는 걸음들이다. 아이를 쳐다보는 행동에는 아이가 스스로 생각할 수 있게 하는 엄마의 지혜가 담겨 있다. 이제 아이가 결정을 내릴 것이다.

"엄마, 여기만 도와줘" 하며 아이가 지퍼의 맞물리는 부분을 가리킨다면 기꺼이 도와주자.

"그래, 엄마가 도와줄까? 엄마랑 손잡고 같이 해보는 것도 좋을 것 같은데, 어때?"

아이의 손을 잡고 도와주면 감각을 통해 아이에게 방법을 더 확실히 알려주는 효과가 있다. 설명하는 말도 곁들이면 더 좋을 것이다. 지퍼 올리기를 다 했다면 이제 확실한 화룡점정은 엄마의 격려 한마디다.

"어머 우리 딸. 이렇게 어려운 지퍼 올리기도 해내다니. 많이 컸네. 자랑스러워."

이렇게 아이가 해냈다는 성취감과 자신감을 느끼게 해야 한다. 독립심을 키운다는 것은 '혼자 할 수 있다'라는 마음을 키워주는 것이다. 자신감, 성취감은 독립심을 구성하는 요인들이다. 아이는 '내가 스스로 했어'라는 성취감을 느끼고 자신감이 올라가 또 다른 일에도 도전할 것이다. 그런 아이를 보면서 부모 또한 육아 성취감을 느낄 것이다. 육아는 부모와 아이의 하모니다.

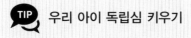

TIP 우리 아이 독립심 키우기

1. 유능감 키우기

아이가 입고 신기 편한 옷과 신발을 준비한다. '난 할 수 있어'라는 유능감을 느껴야 어떤 일이든 스스로 하고 싶다는 생각을 하게 된다. 지퍼를 올리는 롱부츠 등 아이가 스스로 입고 벗기 힘든 옷이나 신발은 아이로 하여금 무능감을 느끼게 할 수 있다. 아이 혼자서도 충분히 통제 가능한 옷과 신발 등으로 준비한다. 지퍼 올리기도 옷을 입기 전에 바닥에 놓고 연습하게 하면 도움이 된다.

2. 성취감 느끼게 하기

"와! 혼자서 해냈구나" 하는 말로 아이가 한 일을 인정하고 격려하며 용기를 준다. '해냈다'는 성취감을 느끼면 자신감도 올라간다.

3. 아이 혼자 하기 힘들어 할 때는 적절한 도움 주기

"만약 도움이 필요하면 말해줘"라는 말로 아이를 안심시키면 도전에 두려워하지 않을 수 있다. 힘들어하거나 못할 때는 부모가 약간 도와주고 아이가 마무리하게 유도한다.

4. 새로운 것은 충분히 연습해서 익숙하게 하기

낯선 것, 낯선 환경에 대한 충분한 대화와 연습이 아이의 독립심을 키운다. 예를 들어 아이가 학교에 입학한다면 아이와 함께 학교 운동장에도 가보고 학교 화장실 이용 방법에 대해서도 미리 알려주며 연습하게 해서 학교 적응에 도움을 준다.

5. 아이의 독립심을 낮추는 말과 행동 최소화하기

"그렇게 하지 말고 이렇게 해야지"라는 말로 아이를 간섭하고 통제하지 말자. "어머, 정리도 잘하네"라고 해놓고 아이가 정리한 것을 아이 앞에서 다시 정리하면 부모의 '말 따로 행동 따로'를 보며 아이는 혼란스러워 한다.

대신해주지 말고
기다리자

부모가 아이를 대신해준다면 아이에게 독이 될 수 있다.
어떤 능력이든 배우고 연습할 기회 없이 자란 아이는 자존감도 낮다.

"이 옷 입어. 춥다니까. 가방은 챙겼어? 참, 양치했지? 안 했다고?
그럴 줄 알았어. 잊어버렸다고? 네가 몇 살인데. 엄마가 안 시키면
안 하지. 어서 해. 늦겠다. 시동 걸어놓을 테니까 얼른 내려와."

엄마가 아이의 등교를 재촉한다. 아이가 하교한 후에도 엄마의
지시는 계속된다.

"가방 두고 와. 간식해놨으니까 손 닦고. 여기 앉아서 천천히 꼭
꼭 씹어 먹어. 오늘 숙제 있어? 숙제 양이 꽤 많네. 가만 보자. 학원
갔다 와서 해야겠네. 빨리 먹어. 양치하고. 학원 시간 늦겠다."

아이가 학원에서 돌아오자 엄마가 다시 다그친다.

"학원 진도는 괜찮았어? 숙제해야지. 학원 숙제도 해야 하고. 아

니다. 학교 숙제를 먼저 하자. 학원 숙제 양이 더 많다고? 안 돼."

그렇게 아이와 엄마의 전쟁 같은 시간이 지나고 밤이 되었다.

"숙제했지? 또 양치 안 했어? 속옷은 갈아입었니? 이제 자야지. 뭐, 학원 숙제가 남았다고? 지금 몇 시야? 저녁 먹고 하랬잖아. 그냥 자. 몰라, 엄마한테 어떡하라고? 대신해달라고?"

이 몇 가지만 봐도 아이는 엄마가 없으면 아무것도 하지 못하는 것 같다. 모든 게 엄마 주도다. 유아도 아니고 초등학생도 아닌 중학교 2학년 윤석이네 이야기다. 엄마의 마지막 말이 우리를 돌아보게 한다.

"어떡하라고! 대신해달라고?"

언제까지
대신해주어야 할까?

아이가 할 일을 대신해주지 말자는 말을 할 때 자주 거론하는 예가 아이의 걸음마다. 엄마가 아이 대신 걸어줄 수 없다면 아이가 넘어지더라도 안타깝지만 스스로 걷도록 두어야 한다. 위 이야기의 사례에서도 엄마는 '이건 아닌데…' 하고 생각하지만 결국 '어쩔 수 없지 뭐. 아이가 아직 혼자 다 하기엔 할 일이 너무 많잖아. 다른 집 아이들도 그러니까 이 정도는 해줘야 하지 않을까? 크면 자연스럽게 자기 할 일은 알아서 하겠지'라고 합리화한다.

애착형성이니 아이중심 육아니 하는 육아이론도 한몫 거든다. 마치 엄마가 대신해주는 게 관심과 사랑이고, 건강한 애착을 형성하는 방법 같다. 아이가 유치원에 다닐 때만 해도 '아직 어리니까' 하는 이유로 대신해주고 도와주는 것에 부모도 별 거리낌이 없었다. 하지만 아이가 예비 초등학생이 되면 부모는 슬슬 죄책감과 함께 조급함이 몰려온다. 아이 혼자 할 수 있는 게 없어 보여서다. 아이가 알아서 척척 해내는 일은 손에 꼽을 정도다. 엄마가 말하면 그때서야 겨우 하는 척하거나 결과도 엉성해 보인다.

부모는 불안하다. 저런 상태로 초등학교에 가면 남들에게 뒤처질까 걱정이다. 부모의 조급함이 커지면서 간섭과 통제를 담은 잔소리가 폭풍처럼 아이를 휩쓴다. "했어? 안 했다고? 하라고 말했잖아. 혼자서 하면 안되니?" 하는 말에 아이는 더 당황스러워진다. 얼마 전까지만 해도 "엄마가 해줄게" 하던 엄마, 아이가 무언가 하려 하면 "가만 있어봐. 엄마가 해준다니까" 하던 엄마가 아니던가?

그러던 엄마가 이제 아이가 "엄마 이거 해줘" 그러면 "그거 하나 못해? 나이가 몇 살인데" 하며 민망하게 한다. 민망함을 느낀 아이는 더 움츠러들면서 자신의 무능을 느낀다. 엄마는 아이의 무능을 부추기는 "아직도 이걸 못해?"라는 말을 하면서 대신해서 또 해결해준다. 아이는 어떤 능력이든 배우고 연습할 기회 없이 자란다. '좌절감 키우기'의 연속이니 스스로 할 능력도 떨어지고 자존감도 바닥이다.

　부모는 반복되는 상황에 지치고 조급해지면서도 '대신해주기'를 멈출 수 없다. 그러면서 잔소리 또한 늘어간다. 부모의 잔소리만큼 아이의 무능감은 커진다. "네가 지금 몇 살인데 이런 것 하나 네 손으로 못하냐"라며 부모는 아이의 무능감을 확인시켜준다. 아이는 자신이 얼마나 쓸모 없는 존재인지 확인한다. 자존감의 핵심인 자기효능감이 떨어지는 것이다. 부모의 대신해주는 사랑이 독이 되는 경우다.

유능감을 키우려는
신호의 말

아이의 이유식을 챙겨주던 어느 날, 아이가 엄마가 쥐고 있는 숟가락을 빼앗는다. '내가'라는 신호다. 아직 말을 못하는 영아기 아이가 몸으로 표현하는 '엄마, 숟가락 주세요. 내가 먹을게요'다. 엄마는 친절하고 상냥하게 "안 돼. 흘려요. 엄마가 줄게요. 이거 얼른 다 먹자"라고 말한다. 지금 아이에게 숟가락을 주면 먹기는커녕 흘리고, 닦느라 힘들어질 게 뻔해서다. 엄마는 이유식 먹이기라는 목적달성을 위해 안전한 엄마의 숟가락질로 대신해준다. 현재 엄마의 양육목표는 이유식 먹이기에 초점이 맞추어져 있기 때문이다. 식습관이나 성장을 위해 이유식 먹이는 것에 집중되어 있어 아이의 독립 신호가 보이지 않는다. 엄마가 아이의 주도권을 빼앗기 시작하는 것이다.

정성으로 만든 이유식을 한 숟가락이라도 더 먹이고 싶어 "아이고 잘 먹네요. 어유 예뻐라"하며 언어적 표현까지 하는 엄마들의 마음을 모르는 것은 아니다. 하지만 아이의 독립심에 대해 알려주고 싶다. 아이가 손을 내밀어 숟가락을 잡으려 한다면 제지하지 말고 이렇게 기회를 주자. "우리 하연이가 먹을 거예요? 그렇구나. 그럼 엄마랑 같이 숟가락으로 먹을까?"하고 아이의 손에 숟가락을 쥐어주고 엄마가 아이 손을 잡고 흘리지 않고 먹을 수 있게 도움을 준다.

아이가 혼자 숟가락질을 하도록 두자는 게 아니다. 아이가 눈과 손의 협응력을 기를 때까지 흘리지 않고 먹도록 '도와주는 게' 중요하다. 그래야 흘리지 않고 먹으며, 흘린 것 닦느라 주의를 분산하지 않고 아이가 이유식을 먹을 수 있다. 아이의 독립심을 키워주는 말도 곁들이면 좋겠다. "어머나, 벌써 숟가락질도 잘하네. 잘도 먹네요" 하는 엄마의 말이 아이의 자존감을 키워준다. 아이는 떼쓰지 않고도 자신이 원하는 것을 얻었고, 건강한 욕구 본능을 인정받고 충족시켰다. 이 과정을 통해 아이의 자존감이 자라난다. 엄마가 자신의 미숙함을 도와주므로 흘리지 않고 편안하게 먹으면서 자기안전감도 느낀다. 부모가 잘한다고 칭찬까지 해주면 자기효능감도 높아진다.

대신해주는
부모의 심리

에릭 에릭슨(Erik Erikson)의 심리사회적 발달 단계에 따르면 '자율성 대 수치심'의 시기인 유아기에 이른 아이는 내가 해야 할 일, 하고 싶은 일이 수없이 많아진다. 이 시기에 신체 및 그에 수반되는 자율성의 경험이 적절할 경우 '의지'라는 자아특성도 발달하게 된다. 주도성과 죄책감도 마찬가지다. 취학 전 연령기의 아이는 자신이 원하는 것을 목표로 삼아 이루려고 시도하고, 그것을 성취했을 때 주도성이 생긴다.

반면에 실패를 자주 경험하면 죄책감이 생긴다. 대신해주는 부모들의 심리를 엿볼 수 있는 부분이다. 부모는 실패했을 때 죄책감이 발생한다는 것을 알기에 아이의 실패를 미연에 차단하려고 대신해준다. 아이가 좌절할까 대신해주는 것이다. 하지만 시도조차 못했을 때도 죄책감이 커진다는 것을 알아야 한다.

그러면 유아기에는 어떻게 대신해주지 않고 스스로 할 수 있는 능력을 키워줄까? 아이가 많은 것을 시도하게 하고 실패했을 때는 위로와 격려를 해주며 다시 시도할 수 있도록 하는 것이다. 아이가 자유의지를 가지고 시도하고, 결과에 따라 성공감과 실패감을 느끼는 것도 중요하다. 부모는 곁에서 아이가 자기존재감을 부정하지 않도록 격려하는 역할을 하면 된다. 아이가 도움을 요청하면 도와주되 전적으로 대신해주면 안 된다.

아이가 스스로 할 수 있도록 능력을 북돋는 방법을 알아보자. 아이가 실수나 실패를 했을 때 "거봐. 엄마가 해준다고 했잖아" 하며 못할 줄 알았다는 듯한 발언을 하는 것은 도움이 되지 않는다. 어떤 반응이 좋을까?

"열심히 했네. 이 정도도 잘한 거야. 한두 번에 안 될 수도 있어. 지난번보다 훨씬 좋아졌는 걸."

이렇게 아이의 시도를 인정하고 어제보다 오늘이 더 향상된 점을 알아주는 부모의 반응이 아이를 키운다.

부모가 아이의 할 일을 다 대신해주지 말자. 하지만 도와주어야 할 일은 있다. 제대로 해내지 못하는 일을 자주 겪으면 아이의 마음속에 죄책감이 고착화된다. 부모는 지켜볼 때, 기다릴 때, 함께할 때 등을 잘 파악해야 한다. 앞의 이유식의 예처럼 아기가 숟가락을 달라하면 전적으로 맡기지 않고 엄마가 숟가락을 쥔 아기의 손을 함께 쥐고 먹이는 방법처럼, 부모가 아이의 발달상태를 판단해서 바람직하게 반응을 보이는 것이다. 아이의 '내가'라는 말로 시작되는 독립심의 표출은 이후 자신의 일을 스스로 하는 아이가 되기 위한 과정이다.

이 과정을 구체적으로 명시화하면 훨씬 효과적일 것이다. 하루 일과를 체계적으로 목록화해 아이가 스스로 해낼 수 있게 도와주는 방법이다.

하루일과
목록화 하기

일어나기, 세수하기, 밥 먹기, 양치하기, 옷 입기, 준비물 및 가방 확인하기, 등교하기 등 아이가 해야 할 일을 목록화 하는 작업은 아이가 자기의 일과를 돌아보고 짜임새 있게 시간을 관리하는 방법을 알게 하는 데 효과가 있다. 하루라는 한정된 시간은 동서고금 누구에게나 공평하게 적용되는 것이므로 효율적으로 사용하는 것이 최선이다. 아이가 자신의 일을 스스로 하면서 자조능력을 키우는 데 하루일과 목록화 작업은 매우 효과적이다.

아이가 어렸을 때 무엇이든 대신해주었던 부모는 아이가 스스로 무언가를 하려고 하면 못미더워하며 간섭한다. 이런 부모의 아이일수록 시간관리 능력은 물론 일상의 자조능력도 뒤떨어진다.

해야 할 일 목록에서 '스스로 할 수 있는 일'과 '부모의 도움이 필요한 일'을 나누고, 부모가 도우면 좋은 일은 반드시 그 이유를 적는 게 좋다. 부모가 도울 이유를 아이에게 '질문'해서 타당성이 있을 때 도움을 주자.

부모가 도와주면 좋을 일	이유
일어나기	아빠가 깨워줄 때 안아주면 좋으니까요.
밥 먹기	엄마가 앞에 앉아 계시기만 해도 좋아요.
숙제하기	궁금한 게 있을 때 도와주시면 빨리 끝낼 수 있어요.

중요한 것은 아이가 열심히 무언가를 시도하면 꾸물거리는 것처럼 느껴지더라도 기다려야 한다는 것이다. 답답하거나 잘 못하는 것 같아도 기다려주면 스스로 할 수 있는 일이 많아진다는 것을 믿어야 한다. 이 믿음이 아이를 키운다. 부모가 대신해주는 아이는 대신해줄 부모가 없는 곳에서는 총체적 무능아가 된다. 자신감 없고, 또래 사이에서도 위축되어 자신의 능력을 제대로 발휘할 수 없게 된다. 부모가 '아이를 대신해주는' 사랑이 독이 된다고 한 이유다.

아이에게
선택권을 주자

인생의 매순간은 선택과 결정의 연속이다.
우리 아이가 리더가 될지, 끌려다닐지는 지금 부모의 선택에 달려 있다.

베드타임 독서를 시작한 윤기네는 잠자리에 들기 전에 '베드타임 독서'를 시작한다. 하지만 좋은 분위기는 윤기가 한 아름 가져온 책을 보고 "읽을 만큼만 가져와야지" 하는 아빠의 말로 싸해진다.

책을 읽어주고 책에 대한 이야기를 나누다 10시에 잠자리에 들자는 환상적인 계획을 실행한 지 사흘째다. 그러나 며칠 동안 비슷한 상황이 되어 아빠와 윤기 모두 흥미를 잃기 직전이다.

아이가 책을 한 아름 가져오면 부모 마음은 흐뭇할 것이다. 아이가 책을 많이 읽고 싶어 해서 고민이라니 꿈같은 이야기가 아닌가. 하지만 부모가 밤에 책을 읽어줄 때는 부모의 시간, 해야 할 일 등의 현실적인 문제도 고려해야 지속력이 있으며 실행력도 높아진다.

아이의 선택권이
자존감을 키운다

'베드타임 독서'는 잠자기 전 아이에게 책을 읽어주는 것을 말한다. 약속한 시간을 효율적으로 사용하고, 아빠도 베드타임 독서 후 개인 시간을 갖거나 잠자리에 들어야 하므로 조율과 선택이 필요하다. 아이가 가져오는 책을 다 읽어주면 좋지만 시간은 한정적이므로 가장 효율적인 선택을 해야 한다.

아이의 욕구와 부모의 현실을 조율하는 건 쉽지 않을 때가 많다. 이때 부모의 일방적인 선택보다 아이에게 선택권을 주는 것이 좋다. 크든 작든 아이 스스로 선택하고 결정하는 일은 자존감 형성에도 도움이 된다. 낮은 자존감의 소유자일수록 '책임회피'를 잘한다. 자존감이 높은 사람은 완벽하지 않더라도 선택을 잘하고 그에 따른 책임도 진다. 질문을 통해 아이에게 선택권을 주자.

"윤기야. 지금 가져오는 책이 몇 권이야?"

"몰라. 이거 다 읽어줘. 아빠가 읽어주는 거 좋아."

"아빠가 책 읽어주는 게 좋구나. 그런데 우리가 오늘 몇 시에 자기로 했지?"

"10시"라고 말하며 아이가 잠시 생각하다 안고 있던 책을 아빠에게 내밀며 이렇게 말할 수도 있다.

"그럼 아빠가 골라줘."

이 경우 아빠와 책을 함께 고르는 것도 좋고, 아이와 골라보는 것도 좋다. 혹시 방바닥에 앉아 "음"하며 책을 고르는 아이에게 "야, 빨리 골라와. 시간 다 가잖아"라고 재촉할까봐 덧붙인다. 윤기는 책을 고르는 과정에서 한 아름 안고 온 책을 다 읽은 것이나 다름없다. 책을 고르기 위해 책의 제목을 읽고 책장을 뒤적이는 그 자체가 소중한 시간이다. 책을 고르기 위해 책의 표지를 보고, 제목을 읽거나 책을 뒤적이는 것 또한 아이들에게는 훌륭한 독서이기 때문이다.

이제 윤기의 책 선택을 칭찬해주는 일이 남았다.

"오, 이 책을 골랐어? 이 책도? 재밌겠는데? 자, 그럼 이제 시작해볼까?"

자신에게 선택권을 준 아빠로 인해 아이는 자기존중감이 커진다. 아이의 선택과 결정에 대한 존중은 아이의 존재감을 높이며 자신의 선택을 인정해주는 아빠의 말이 아이의 결정력을 키운다. 내 아이가 선택하고 결정하게 하자. 내 아이의 존재감을 높여주면 자존감이 빛을 발할 것이다.

'둘 중 하나 선택하기'
비법

아이가 책을 고르느라 시간도 많이 소요되었는데 책을 3권이나 골랐다고 가정해보자. 아빠와 아이에게 주어진 현실적인 시간으로는 1권 정도가 한계다. 그렇다고 고르라고 해놓고 "언제 3권 다 읽냐?"라고 하면 아이의 선택을 무기력하게 만드는 일이다. 우리 아이가 선택의 경험이 적거나 책 욕심이 많다면 처음부터 아이의 불필요한 고민을 덜어주는 것도 방법이다. 아이에게 선택의 폭을 좁혀주거나 아빠의 의견을 정확하게 이야기하는 게 좋다. "1권만 골라보자. 아빠가 아주 재밌게 읽어줄게."

이런 과정들을 거치면서 아이는 자신의 경험을 통해 선택과 결정, 집중하는 습관을 들이게 된다. 아이는 앞으로도 많은 선택의 기회를 가질 것이다. 결정력이 뛰어난 사람은 선택의 경험이 많은 사람이고 자신의 선택에서 실수와 실패를 통해 배운 바가 있으며 격려와 칭찬으로 자부심을 느껴본 사람이다.

'어른아이'가 점점 늘어나고 있다. 아이의 대학성적 때문에 교수를 찾아가는 엄마, 첫 출근날 직장에 가기 불안해하는 자식을 위해 회사 앞까지 함께 갔다는 아빠, 커튼을 바꾸려고 하는데 어떤 색깔이 좋은지 친정엄마한테 전화로 물어보는 등 어른아이에 대한 일화가 넘쳐난다. 부모와 의논해서 더 좋은 선택을 하려는 게 아니라 "저 혼자서는 선택을 못하겠어요. 항상 엄마가 해주셔서"라는 게 이유라면 고민해볼 문제다. 이렇게 말하면서 "부모님 눈에는 제가 여전히 아이로 보이는 거죠"라는 말을 덧붙이는 30대 엄마의 얼굴엔 '저는 아직도 관심과 보살핌을 받아요'라는 뿌듯함이 묻어난다면 어떤가.

자녀양육의 목적은 '자립'이다. 굳이 "언제부터 자립해야 하느냐?"라는 질문을 받으면 유아기부터 준비와 연습을 거듭해 성년의 기점인 20세엔 자립해야 한다고 생각한다. 이 시기부터는 '성인'이라는 호칭을 부여받으며 법적으로도 완전한 행위 능력자가 되어 친권자의 동의 없이 결혼도 가능하다. 사회인으로서의 책무와 성인으로서의 자부심을 동시에 부여받으므로 경제적 독립과 별개로 그때부터는 완전한 자립이 가능해야 한다. '자립'의 표면적 확인은 자기결정력과 선택능력이다.

선택권을 주지 않는
부모의 심리, 불신

'세상은 갈수록 치열한데 아이들이 경쟁에서 뒤처지면 어떡하지?' '좀더 안전한 길로 아이를 안내해야 해.'
　실수할 시간이 너무 안타까운 부모는 이미 경험한 것을 바탕으로 내 아이가 실수와 실패를 줄이도록 한시라도 빨리 안전한 지름길을 알려주고 싶다. 그렇지 않으면 경쟁에서 이기기 어렵다는 생각 때문이다. 시행착오를 겪지 않도록 더 빠르고 안전하게 이끌어주고 싶은 것이다. 하지만 실수, 실패, 좌절이라는 시행착오는 살아가는 데 반드시 필요한 경험이며, 선택과 결정의 과정을 통해서 가장 많이 얻을 수 있다.

미국의 시인 로버트 프로스트(Robert Frost)의 시 '가지 않은 길'에는 이런 구절이 나온다.

'노란 숲 속에 두 갈래 길이 있었습니다. 한 몸으로 두 길을 다 가볼 수 없어….'

이 시를 중학교 때 처음 접하고 큰 충격을 받았다. '숲 속 두 갈래 길 중에서 선택한 길, 즉 내 선택이 모든 것을 바꾸어놓았다'라고 하는 부분 때문이었다. 당시의 나는 '어떤 길을 선택해 어떻게 살아야 후회의 한숨을 쉬지 않고 안도의 한숨을 쉴 것인가'를 진지하게 생각했었다.

하물며 지금은 두 갈래 갈림길에서 한 길을 선택하는 시대가 아니다. 더 다양한 길 중에서 선택해야 한다. 이 과정에서 선택과 결정은 결국 '책임'과 연결되어 아이의 건강한 독립에 절대적인 영향을 미친다. 수동적으로 자란 아이는 어른이 되어서도 사소한 문제조차 결정하지 못하는 결정장애를 가진 어른아이로 자랄 가능성이 높다.

그럼 부모는 왜 내 아이에게 선택권을 주지 않는 걸까? 아이를 믿지 못하기 때문이다. 이 말에 대부분의 부모는 동의하지 않을 수도 있다. 아이를 사랑하기 때문에 선택의 안목이 높은 부모가 빠르고 정확하게 선택해주는 것이지, 믿지 못하는 건 아니라는 생각 때문이다. 하지만 조금만 더 생각해보면 아이가 실패할까봐, 실수할까봐, 불이익을 당할까봐, 엉뚱한 결정을 해서 손해 볼까봐 등 아이를 믿지 못하는 불신에서 비롯되었다는 것을 인정하게 된다.

아이가 잘할 수 있다는 자기 믿음을 갖도록 '선택권'을 주고 결정해보도록 기다려주어야 한다. 꾸준히 경험시키고, 지혜롭게 선택의 방법을 전수하고, 아이가 직접 해보도록 하고, 격려하면 아이는 자신이 무엇을 원하는지, 어떤 것을 좋아하는지, 그것 말고 또 다른 최선은 없었는지를 경험하며 후회도 하고 다시 기회를 마련하기 위해 노력한다. 기회가 '가능성'이라는 걸 경험한 아이는 비슷한 기회가 왔을 때 탁월한 선택을 할 것이다.

아이의 선택과 결정능력이 자존감을 키운다. 자신을 믿고 존중하기 때문이다. 선택도 많이 해봐야 선택의 시간이 단축되어 빠른 결정을 내릴 수 있다. 아이가 어른이 되어서도 선택의 순간마다 부모를 찾으며 방황하는 장면은 상상도 하기 싫을 것이다.

아이가 자신에게도 좋고 남에게도 피해를 주지 않으면서 선택의 과정에서 남을 위해 희생했다는 억울함을 덜 느껴야 한다. 양보하는 마음과 선택능력 부족은 다르다는 것을 아이도 안다. 선택능력이 있으면 삶의 만족도가 다르다. 자존감은 행복과 직결된다고 했듯 매 순간 삶의 선택에서 만족도가 높아야 행복도도 높다. 자녀에게 행복한 삶, 자기주도적인 삶을 선물하고 싶다면 아이가 선택할 수 있는 기회를 많이 마련해주자. 최소한 아이의 선택권을 가로채지 않는 부모여야 한다.

💬 TIP 선택능력을 키우면 자존감도 커진다

---

1. 선택의 범위를 좁혀라.

선택의 범위를 2~3개로 좁혀주자. 신중한 아이라면 둘 중 하나를 택하게 하는 것도 방법이다.

2. 아이의 선택과 결정을 인정하라.

아이가 선택했을 때, "이 색깔 칫솔이 마음에 드는구나. 멋지네!"라고 그 선택을 인정해주자.

아이의 선택에 대해 "그거로 할 거야?" "이게 낫지 않을까?" 하면 아이는 자신의 선택을 의심하게 된다.

3. 아이가 선택할 때까지 기다려라.

아이는 어른과 달리 선택하는 데 시간이 오래 걸린다. 아이가 충분히 고민하고 결정할 수 있도록 시간을 주자.

4. 아이의 선택이 실패할 수도 있다는 것을 받아들이자.

아이의 발달에 맞추어 작고 사소한 것부터 성취하도록 하고, 아이의 선택이 실패하더라도 의연하게 받아들이자.

"거봐. 아까 숙제부터 해야 했어" "다른 거 골랐으면 좋았잖아" 등의 말은 아이의 선택권에 대한 부정적 피드백일 뿐이다.

5. 반드시 해야 할 일에는 선택권을 주지 말자.

둘 다 해야 하는 상황이라면(선택의 여지가 없는 일이라면) "목욕부터 할래, 양치부터 할래?"라고 말해서 할 일의 순서가 있을 뿐, 선택의 여지가 없는 일도 있음을 알려주자.

아이 스스로 문제해결책을
찾도록 질문하자

좋은 질문이 문제해결의 단서를 제공한다.
아이로 하여금 해결책을 쉽게 찾도록 좋은 질문을 하자.

지영이는 점심 시간이면 '콩'과의 전쟁을 치른다. 콩이 들어간
밥, 콩으로 만든 반찬이 나오는 날이면 등원도 거부할 정도다.

학기를 시작한 3월에는 지영이의 적응을 위해 아이가 콩을 안 먹
어도 억지로 먹게 하거나 따로 편식지도를 하지 않기로 선생님과
의논했다. 하지만 다른 아이들이 "선생님, 지영이 콩 안 먹어요!"
하자 지영이가 등원을 거부하는 이유가 하나 더 늘었다.

"친구들이 놀려. 친구들 싫어."

"네가 콩을 안 먹으니까 다른 아이들도 안 먹는다잖아. 그러니까
지영아…."

엄마 말이 끝나기도 전에 지영이가 악을 쓰며 운다. 콩을 먹도록

하려는 시도는 늘 아이의 울음과 함께 수포로 돌아갔다.

"싫어. 콩 안 먹어. 유치원 안 가. 싫어."

지영이 엄마와 상담을 하면서 메리어트 호텔 빌 메리어트(Bill Marriott) 회장의 질문 예찬에 대한 말이 떠올랐다.

"나는 '자네 생각은 어떤가?'라는 질문의 힘을 굳게 믿는다. 질문은 기적을 일으킨다. 어쩌면 이 말이야말로 사업을 하는 데 가장 중요한 말일지도 모른다."

구체적인 질문이
문제해결책을 찾게 한다

답은 쉽고 질문은 어렵다는 말이 있다. 아이를 키우는 데도 마찬가지다. 정답을 알려주는 것이 아니라 올바른 질문으로 아이의 생각을 키우고 스스로 해결책을 찾도록 하는 것이 중요하다.

부모는 가정의 CEO라고 자주 표현한다. 기적을 일으키는 질문의 힘이 좋은 직원을 만든다는 한 경영자의 말을 우리 아이에게 적용해보면 어떨까? 아이 스스로 문제를 인식하도록 하는 질문을 해보자. 아이가 부모의 질문으로 스스로 만족할 만한 해결책을 찾는다면 억지 부리는 일도 줄어든다. 아이 스스로 문제해결책을 찾기 때문이다. 바꾸어 말하면 아이가 문제해결책을 찾도록 유도하는 질문을 해보자. 아이로 하여금 답을 쉽게 찾도록 하는 질문이어야 한다.

원인을 아는 게
문제해결의 단서

영유아기에 흔히 보이는 '네오포비아' 증상은 새로운 것을 두려워하는 심리를 말한다. 그래서 아이들이 사회생활의 첫 단추인 어린이집과 유치원 적응에 어려워하는 경우가 많다. 특히 급식이 보편화된 요즘엔 엄마가 아이의 입맛대로 도시락을 준비하는 것이 아니니, 아이는 기관에서 준비한 메뉴로 식사를 해야 한다. 아이들의 등원을 거부하는 이유에 자신이 좋아하지 않는 반찬 때문인 경우가 제법 있다.

지영이의 사례는 음식 네오포비아로 시작해 유치원 적응 문제까지 이어지는 전형적인 부적응 사례다. 시작은 음식이었지만 친구들이 놀린다는 문제, 분리불안 등으로 이어졌다. 총체적인 부적응 사례로 굳어질 수 있는 문제를 어떻게 해결할 수 있을까?

문제의 원인을 알아야 문제를 해결할 수 있다. 이때는 '콩을 먹어야 한다'라는 엄마의 '답'을 무조건 밀어붙여서는 도움이 되지 않는다. 부모의 현명한 질문이 아이의 문제해결을 위한 현답을 이끌어낸다. 유치원 선생님과 지영이의 대화를 벤치마킹해보자.

"지영아, 콩 먹기 싫어?"

"네."

"그래. 우리 지영이 콩 먹기 싫어해서 지금까지 잘 안 먹었지."

지영이가 선생님을 빤히 쳐다본다. 지금까지 콩 때문에 엄마한테 엄청 많이 혼났다. '역시 선생님도 날 혼내나?' 하는 표정이다.

"지영아. 콩 먹어본 적 있니?"

"먹다가 토했어요."

"아, 그랬구나. 선생님도 어렸을 때 콩 싫어했었어."

"정말요?"

"응, 할아버지가 억지로 먹게 하셨는데, 그래서 몰래 뱉다가 혼도 났었어."

선생님은 지영이와 콩에 얽힌 이야기를 나누며 킥킥 웃기도 하며 아이의 마음을 알아주었다. 자신이 좋아하는 선생님도 콩을 싫어했다는 말에 공감까지 받은 지영이는 "엄마가 억지로 먹여서 울면서 먹었는데요. 그런데 콩이 목에 콱 들어가서…" 하는 이야기를 했다.

지영이는 콩을 먹다가 사레가 들려 엄청 공포스러웠던 경험을 가지고 있었다. 지영이에게 콩을 먹게 하고 싶은 게 문제해결이라면 원인을 파악하는 게 먼저다. 그다음은 더 신중해야 한다. 어른이 준비해놓은 답을 아이에게 강요하면 반쯤 해결된 문제를 다시 꼬이게 한다.

아이가 해결하게 하는
질문법

이제 문제(아이가 콩을 안 먹는 문제)를 알았고, 문제의 원인(안 좋은 경험 등)도 알게 되었으며, 해결책(콩을 먹게 하는 것)도 찾아냈으니 다 해결된 것 같다.

그런데 진짜 문제는 엄마가 이미 문제해결책을 알고 있는 것이다. 답을 알고 있는 엄마는 아이와의 의논 과정을 생략하고 콩이 몸에 좋으니까 먹어야 한다는 결론을 아이에게 알려주고 싶다.

수학문제를 푸는 과정을 생각해보자. 정답만 요구하지 않는다. 풀이의 과정과 답을 도출하기까지의 과정 또한 답이다. 번거로운 것 같지만 이 해결의 과정을 거치고, 아이 스스로 답을 알아내도록 해야 문제해결력을 높인다. 그래야 다음에 비슷한 문제 또는 다른 문제를 만나도 해결할 수 있다.

"지영이가 더 잘 크고, 씩씩하고, 예뻐지려면 골고루 먹어야 하는 거 알지? 그리고 친구들도 지영이가 자꾸 콩을 안 먹으니까 어떻게 했더라?"

"자꾸 놀려요."

"그래. 어떤 친구는 자기도 콩이 싫지만 참고 먹는데 지영이가 안 먹으니까 이르고 싶은가 봐. 어떻게 하면 될까?"

"선생님, 근데요. 두부는 잘 먹어요. 애들한테 지영이가 콩으로 만든 두부는 잘 먹는다고 해주세요. 근데 콩은 싫어요."

"응, 콩은 어떻게 하면 조금씩이라도 먹을 수 있을까?"

"다음에 한 개씩만 주세요."

선생님의 질문은 콩을 싫어하는 지영이로 하여금 스스로 문제를 해결하도록 했다.

아이에게 어른의 해결책을 따르라고 강요하지 말고 스스로 문제해결방법을 찾게 해주자. 방법은 부모의 '질문'에 있다. 중요한 건 질문을 하는 부모의 마음에 '아이는 문제해결방법을 잘 찾을 거야'라는 믿음이 있어야 한다는 것이다. 사안에 따라 긴 대화가 필요할지도 모른다. 편식이 이미 습관이 되었을 수도 있다. 습관이라는 문제를 해결하는 데 1~2분 대화로 고쳐지겠는가! 아울러 아이 문제는 아이가 해결할 수 있다는 믿음과 아이에게 해결의 열쇠가 있음을 인정해주자. 그리고 아이가 해결을 위한 노력을 시도할 때 따뜻한 시선과 격려로 용기를 북돋아주자.

부모라는
리모컨

아이의 뒤를 따라다니며 무엇이든 해결해주는 리모컨 같은 부모는 겉으로 보기에는 만능해결사지만 아이의 문제해결력을 턱없이 떨어뜨린다. 리모컨을 누르듯 부모만 부르면 문제가 저절로 해결되고, 심지어 부모만 쳐다보아도 알아서 척척 해결해준다면 아이는 고민할 시간도, 필요도 못 느낀다. 문제해결책을 얻는 일은 머리를 써야 하는 일이며, 그 과정에서 생각하는 습관이 길러진다. 스스로 판단하고 자율적으로 문제를 해결하는 아이의 경우 자기결정력도 높다. 물론 노력하다 도저히 힘든 경우에는 "도와주세요"라고 말할 수도 있다. 자기결정력이 높은 아이는 자신의 의견도 당당하게 말할 수 있으며 생각을 행동으로 옮기는 데도 적극적이다.

아이의 문제해결력은 결정력으로 이어진다. 자기결정력이 높은 아이들은 삶을 대하는 태도가 긍정적이고 행복감을 더 많이 느낀다는 연구결과도 있다. 어떤 문제에 당면해도 겁부터 먹거나 회피하지 않고 도전하고 대면하며 주도적인 삶을 사는 것이다. 아이의 문제해결력을 높이자. 비법은 아이 스스로 문제해결책을 찾도록 이끄는 부모의 현명한 질문이다.

아이의 문제해결력을 키우는 노하우

---

1. 아이가 스스로 해결책을 찾도록 질문하자.

"네가 스스로 해결할 수 있으리라 믿어"라는 말은 유아기 아이에겐 너무 추상적이다. 쉽게 질문하자. "어떤 부분이 어렵니?" "엄마가 무엇을 도와주면 네가 할 수 있을까?" 등으로 구체적으로 질문하자.

2. '할 수 없는 것'도 있음을 인정하자.

아이 스스로 '하면 되는 것'도 있지만 '안 되는 것'도 있다.

아이 혼자 하기에 어려운 일이 분명히 있는 것이다. 이때 "넌 할 수 있어"라는 말은 아이에게 죄책감, 무능감만 느끼게 한다. 아이 혼자 해결할 수 없는 것도 있다는 것을 인정해야 아이가 불필요한 두려움에 사로잡히지 않고 부모에게 묻고, 도움을 받으며 도전을 계속한다.

3. 몇 번의 대화로 해결될 것이라는 생각은 내려놓자.

문제해결력은 능력이다. 능력과 실력은 하루 아침에 늘지 않는다. 꾸준한 반복이 필요하다.

4. 부모라는 조력자가 있음을 알려주자.

아이가 다 해결할 수 없다는 사실을 알려주고, 부모의 도움이 필요할 때 언제든 의논할 수 있게 하자. 아이가 든든한 '안전기지'를 느끼면 더욱 용기를 가지고 도전할 것이다.

『우리 아이를 위한 자존감 수업』
저자와의 인터뷰

Q. 『우리 아이를 위한 자존감 수업』을 소개해주시고, 이 책을 통해 독자들에게 전하고 싶은 메시지가 무엇인지 말씀해주세요.

A. 상담하면서 자주 듣는 이야기가 "우리 아이는 자존감이 낮은가 봐요"라는 말입니다. 양육에 대한 부모의 고민이 '아이 자존감'에 대한 관심으로 시작되는 것이지요. 아이 자존감에 대한 부모님의 관심이 그만큼 높다는 뜻이고, 아이 자존감을 키워주는 것이 양육에 있어 중요한 키워드라는 생각이 들어 이 책을 썼습니다. 이 책의 독자인 아이를 잘 키우고 싶은 부모님들께 아이의 자존감을 높이려면 어떻게 해야 하는지 양육과정에서 생기는 다양한 사례를 소개하며, 부모와 아이의 자존감을 높이는 대화의 비법을 전하고 싶었습니다.

Q. 모든 부모들이 아이의 자존감을 키워야 한다는 말에 공감하지만, 구체적인 방법에 대해서는 궁금할 텐데요. 조언 부탁드립니다.

A. 부모님들이 자존감에 대해 잘 알고 있는 부분도 있지만 아이의 성격과 자존감을 지나치게 연관 짓는 경우도 많습니다. 아이 성격이 내향적이어서 목소리가 작거나 인사를 씩씩하게 못한다고 "우리 아이가 자존감이 낮아서 걱정이에요" 하는 부모님들이 계시거든요. 자신감과 자존감의 개념을 굳이 분리해서 이해할 필요는 없지만, 실제로 관찰해보면 어느 부분에서는 자신감이 있는 아이가 어느 부분에서는 자신감이 없기도 합니다. 책 읽기를 좋아하고 글쓰기에는 자신 있어도 달리기에는 자신이 없는 경우가 있지요. 아이의 자존감을 키워주기 위해 부모가 가장 먼저 해야 할 일은 아이가 가진 그 자체를 인정해주는 것입니다. 아이 그대로의 존재감만 인정해주어도 아이의 자존감이 성장한다는 것을 꼭 말씀드리고 싶어요.

Q. 우리 아이의 자존감을 높이는 방법으로 '아이가 이미 가지고 있는 자존감을 지켜주자'라고 하셨는데, 어떻게 하면 될까요?

A. '자존감을 키운다' '자존감을 높인다' '자존감을 쌓는다' 등 자존감에 대한 여러 가지 표현들이 있어요. 이 말들을 살펴보면 부모가 아이의 자존감을 쌓고 무너뜨리는 주도적인 역할을 하는 것 같지만, 부모가 키워주는 자존감과 아울러 아이가 갖고 태어난 자존감이 있습니다. 이것만 잘 지켜주고 존중해주어도

아이의 자존감이 높아진다는 의미입니다. 우리 아이의 자존감을 높이기 위해서는 아이가 이미 지니고 있는 선한 본성을 지켜주고, 아이마다 가지고 있는 장점을 인정해주는 것이 선행되어야 합니다. 타고난 자존감의 싹을 뽑지 말고, 아이가 공들여 쌓아가는 자존감의 탑을 무너뜨리지만 않아도 자존감이 자란다는 의미에서 '아이가 이미 가진 자존감을 지켜주자'라고 강조했습니다.

Q. 아이들의 자존감을 높이는 대화법에 대해 자세한 설명 부탁드립니다.

A. 이 책에서 말하는 아이 자존감을 높이는 대화법은 아이가 가진 본래의 자존감을 살려주는 대화법입니다. 그러려면 아이의 기질과 성격을 잘 파악해야 하지요. 그다음 부모의 기질과 성격도 잘 살펴야 합니다. 일반적으로 아이의 기질을 이해하고 아이를 관찰하며 양육해야 한다는 건 잘 알지만, 아이를 양육하는 부모의 기질과 성격을 살피는 일은 간과합니다. 아이만 알고, 아이에게만 맞추다보면 부모도 지치면서 부모의 자존감이 떨어지게 되고, 결국은 대화가 어긋나게 됩니다. '지피지기' 이론이 자존감 높이는 대화법에서 중요한 이유가 바로 여기에 있습니다. 부모의 자존감이 아이에게 직결되므로 먼저 부모 스스로를 잘 살피고, 부모부터 자존감을 높여야 진정으로 아이와 눈맞춤, 마음맞춤의 자존감을 높이는 대화가 가능해집니다.

Q. 아이의 자존감을 깎아내리는 부모의 말 습관에는 어떤 것이 있을까요?

A. "알았어" "됐어" "그만해" "그럴 줄 알았어" 등의 무시하는 말, 비난하는 말, 단정하는 말들이 아이의 자존감을 깎아내리는 말인 건 다 아실 거예요. 하지만 음성화되지 않은 채 전해지는 말들, 즉 몸짓언어, 눈짓언어 등이 더 독한 기운을 뿜어 아이의 자존감을 무너뜨리고는 합니다. 말은 입으로만 하는 게 아니라 온몸으로 하는 것이죠. 자존감을 깎아내리는 눈독, 손독, 침독을 주의해야 해요. 무시하는 눈길은 눈독, 잡아채기 등의 거친 손길은 손독, 한숨 등의 격한 숨결은 침독으로, 아이의 자존감에 치명적입니다. 아이에게 '온기'가 전해져야 아이 자존감이 올라갑니다. 따뜻하게 어루만지는 눈길과 손길 그리고 미소가 바로 우리 아이 자존감을 높이는 부모의 말 습관입니다.

Q. 아이의 성격에 따라 대화하는 법이 달라져야 할 것 같습니다. 그 중 고집부리는 아이에게는 어떻게 대화를 해야 할까요?

A. "안 해" "싫어"라는 말을 입에 달고 살며 매사 부정적이고 고집이 센 아이. 내 아이지만 미울 때가 많아요. 그럴 때 "너 또 왜 그래?"라는 부모의 부정적인 말이나 느낌이 아이에게 여과 없이 전해지면 아이의 부정적 행동은 더 강화되고, 아이의 고집은 더 늘어갑니다. 반면 "그럴 수 있어" "그래서 그랬구나" 하고 우선 공감하고 격려하면 아이는 자신이 소중하다고 느끼면서 자존감의 요체인 유능감과 자기효능감이 높아지지

요. 아이의 마음을 들여다보세요. 고집을 부린다는 건 상대에게 자신이 받아들여지지 않을 때 아이가 사용하는 방법이에요. '저를 알아주세요'라는 아이 내면의 메시지를 인정하며 대화해야 합니다. 고집을 부릴 때마다 고집을 부린다고 지적하는 말을 하지 말고 '무시하기' '지나가기' 방법도 좋습니다. 그리고 아이가 부모의 지시와 권유를 잘 받아들일 때는 그때를 놓치지 말고 꼭 "엄마 말을 잘 듣고 따라주니 엄마가 참 좋아. 고마워"라며 칭찬해주세요. 무조건 칭찬만 하라는 게 아닙니다. 그 다음에는 부모가 아이에게 가르칠 것은 반드시 가르쳐야 해요.

Q. 내성적이고 소심한 아이에게는 어떻게 대화를 해야 할까요?

A. 내성적이고 소심하다는 건 아이가 자신의 내면을 들여다보며 스스로와 대화를 할 줄 안다는 것입니다. 긍정적인 면을 보면 '자기성찰'을 잘하는 아이인 거죠. 이런 아이는 부모의 말 한마디에도 큰 영향을 받기 때문에 대화에 더 신중해야 합니다. 특히 이런 말은 더 조심해야 합니다. "왜 그렇게 내성적이야!" 하는 말은 아이 성격을 있는 그대로 표현한 말일지라도 '내성적이어서 정말 걱정이다'라는 부정적인 뜻도 함께 전해집니다. 같은 이치로 "성격이 그렇게 소심해서 어떡하려고 그러니?"라는 말은 소심하다고 생각되는 아이와의 대화에서 금물입니다. 이 말에는 부모의 근심과 아이 성격에 대한 부정적 인

식이 담겨져 아이에게 낙인효과를 주기 때문이지요. 내성적이고 소심한 부분은 부각시키지 말고 아이가 좋아하는 일을 적극적으로 하고 있을 때, 씩씩하고 활발할 때, 또는 뭔가 열심히 할 때 "적극적이다" 혹은 "표현을 잘하네" 등 내성적이고 소심한 것과는 대조되는 부분을 부각시켜주면 도움이 됩니다.

Q. 무슨 일이든 친구를 탓하거나 변명만 하는 아이에게는 어떻게 대화를 해야 할까요? 자세한 설명 부탁드립니다.

A. 내 탓은 없고 남 탓만 있는 아이. 유아기나 초등학교 저학년까지는 자기중심적인 시기이기 때문에 그런 면은 어느 아이에게나 있습니다. 다만 너무 지나치면 또래들에게도 환영받지 못하므로 아이 자존감 형성에 문제가 생길 수 있어요. 부모가 먼저 '누구 때문에'라는 말을 줄이고 '덕분에'라는 말을 사용해보면 좋겠습니다. '인과관계'에서의 '때문에'와 '인간관계'에서의 '때문에'는 다릅니다. 사람 사이에서의 '때문에'는 남을 탓하거나 자신의 책임을 회피할 때 자주 사용하지요. 예를 들면 '너 때문에' 뒤에는 부정적인 결과를 담은 말이 따르고, '네 덕분에' 뒤에는 긍정적인 말이 따릅니다. 아이가 남 탓을 할 때 "왜 너는 항상 남 탓만 하니?"라고 아이를 탓하며 대화를 이끌지 말고 "그래" 하고 가볍게 응수하고 지나가는 것도 좋습니다. 만약 아이가 지속적으로 남 탓과 변명만 한다면 아이 마음에 피해의식과 두려움이 자리 잡은 것일 수 있습니다. 아

이의 두려움을 보듬으며 '난 사랑받는 소중한 아이야'라는 느낌이 충만하도록 해주세요. 사랑이 충만해야 두려움과 피해의식이 사라지며 그 자리에 건강한 자존감이 자리하게 됩니다.

Q. 아이에게 화를 덜 내면서 설득하기란 쉽지 않습니다. 어떻게 해야 화를 덜 내면서 아이와 대화할 수 있을까요?

A. 화가 나지 않는 사람은 없을 거예요. 심지어 자기 자신에게 화나는 경우도 있으니까요. 다만 치미는 화를 어떻게 표현하는가의 문제입니다. 독이 되는 화가 있고 약이 되는 화가 있기 때문입니다. 양육에서 부모의 화는 대체로 아이의 문제행동으로 인해서 나타납니다. 화를 내는 이유도 알고 보면 아이의 문제행동을 고쳐주고 싶은 마음, 즉 아이에 대한 사랑이 그 원인이지요. 이 본질만 명심해도 부모의 감정조절이 쉬워집니다. 부모는 아이의 문제가 무엇인지에 집중해야 합니다. 문제의 소지가 있을 때는 미리 규칙을 정하고, 반복해서 알려주고, 후회하지 않도록 훈육하는 습관을 들여야 합니다. 표현도 습관이에요. 평소에 긍정언어로 말하는 습관을 들이면 "안 돼"라는 말도 제대로 전달할 수 있습니다. 평소 아이에 대한 사랑을 아낌없이 표현하고 감정조절을 해온 부모라면, 설령 화를 내며 훈육하더라도 아이는 "엄마가 저렇게 화를 내며 안 된다고 했을 때는 진짜 안 되기 때문이야" 하고 훈육을 받아들일 거예요.

Q. 아이를 키우는 부모님들에게 용기와 위로가 되는 한 말씀 부탁드립니다.

A. 머리에서 가슴까지의 거리가 30cm라고 합니다. 이 30cm는 '머리 육아'와 '가슴 육아'의 거리입니다. 요즘은 육아이론의 홍수시대입니다. 하지만 아무리 훌륭한 이론도 내 아이를 잘 관찰하고 부모의 가슴에서 깊이 공감한 후 적용시켜야 효과가 있습니다. 머리 육아(이론 육아)와 가슴 육아가 조화를 이뤄야 합니다. 여기서 더 강조하고 싶은 게 '실천 육아'예요. 일관성과 융통성을 가지고 실천하는 것이 가장 중요합니다. 이 책에서 많은 방법들을 구체적으로 제시했습니다. 부모님의 머리 육아, 가슴 육아, 실천 육아의 하모니로 우리 아이들이 스스로를 소중하게 여기며 자존감 높은 행복한 아이로 성장하기를 바랍니다.

주변에 사람이 모여드는 관계 맺기 습관

이쁘게 관계 맺는 당신이 좋다

임영주 지음 | 값 16,500원

이 책은 '모든 것이 관계'이고, 기본에 충실한 사람이 좋은 인간관계를 맺는다는 생각을 바탕으로, 기본과 인간관계를 강조한다. 저자는 관계 맺기의 시작부터 잘 끝맺는 방법에 이르기까지 '이쁜 관계 맺기'를 위해 배워야 할 기술들을 실제 사례를 통해 알려준다. 관계심리 전문가인 저자의 노하우를 따라 이쁘게 관계 맺기 연습을 한다면 타인에게 쉽게 상처받지 않고 자존감을 유지하며 행복한 관계를 이어갈 수 있을 것이다.

주변에 사람이 모여드는 말 습관

이쁘게 말하는 당신이 좋다

임영주 지음 | 값 15,000원

말의 원래 모습을 잘 살려 따뜻한 삶을 살고 싶은, 이쁘게 잘 말하고 싶은 사람들을 위한 공감의 책이다. 특히 주변 사람들로부터 "말 좀 제발 이쁘게 하지?"라는 말을 한 번이라도 들어본 적 있다면 이 책을 꼭 읽을 것을 권한다. 한 번뿐인 소중한 인생, 우리 모두 '성질'과 '성격'대로 마구 말하는 것이 아니라 '인격'으로 다듬어 말하는 사람, 즉 이쁘게 말하는 사람이 되어보자. 말은 우리의 모든 것이기 때문이다.

큰소리 내지 않고 우아하게 아이를 키우는 그날까지

버럭엄마, 우아하게 아이 키우기

임영주 지음 | 값 15,000원

교육전문가로서 활발한 강연활동 중인 저자는 다년간의 육아 강연과 전화 상담을 통해 엄마들의 고민을 함께했다. 이 책은 아이를 키우는 부모라면 누구나 공감하고 힘을 얻을 수 있는 이야기들로 가득해 저자의 육아법이 더 생생하게 다가온다. '버럭' 할 때마다 반성하지만 결국 며칠 뒤에는 또 '버럭' 하고 마는, 엄마도 아이도 모두 아픈 '버럭'의 악순환을 이 책을 통해 벗어날 수 있을 것이다.

말하는 대로 이루어진다! 임영주 쌤의 상황별 말 코칭

열세 살 말 공부

임영주 지음 | 값 15,000원

소통전문가이자 자녀교육전문가인 저자가 10대 청소년을 위한 첫 책을 냈다. 학교폭력, 언어폭력이 심각한 사회문제로 대두되고 있는 시점에서 세상과 제대로 소통하는 법을 담은 '말 공부' 책이다. 글로벌 리더나 연예인과 같이 많은 사람들 앞에 우뚝 서는 큰 꿈을 가지고 있는 10대일수록 반드시 필요한 것이 말 공부다. 청소년들이 이 책을 통해 소중한 꿈을 이루고 세상과 소통하며 행복한 인생을 살아갈 수 있을 것이다.

감정에 쉽게 휘둘리지 않는 소통의 기술

마음을 얻는 남자의 대화법

임영주 지음 | 값 15,000원

말 때문에 손해 보는 대한민국 남자들을 위해 부모교육전문가이자 소통전문가인 임영주 박사가 소통하는 방법을 알려준다. 행복한 인생은 가까이에 있는 사람과 어떤 대화를 하느냐에 달려 있다. 아프게 할 의도가 없었는데 상대가 내 말에 상처를 받았다고 한다면 억울해 하지 말고 더 늦기 전에 말 공부를 시작해야 한다. 이 책을 통해 남편으로서, 아빠로서, 소중한 이들과 더욱 행복한 시간을 함께 보낼 수 있을 것이다.

지속가능, 실천가능한 사교육 줄이는 방법

어머니, 사교육을 줄이셔야 합니다

정승익 지음 | 값 17,000원

이 책은 사교육비의 딜레마에서 벗어나기 위한 명쾌한 해결책을 제시한다. 정승익 선생님은 10만 열성 구독자를 거느린 유튜브 채널을 통해 거의 매일 우리 교육의 안타까운 현실에 대해 이야기한다. 사교육의 병폐를 알면서도 불안감 때문에 사교육에서 벗어나지 못하는 부모들에게 구체적인 지침들을 제시한다. 불안감과 막막함에 무작정 사교육을 시키기 전에 부모와 자녀가 할 수 있는 것들을 알려주는 책이다.

초등교사 안쌤이 알려주는 행복한 학교생활의 모든 것

초등학교 입학 전 학부모가 가장 알고 싶은 최다질문 TOP 90

안상현 지음 | 값 18,000원

이 책은 현직 초등교사가 초등생활에 대한 학부모들의 궁금증을 부모의 시각으로 질문하고 답하는 형식으로 담았다. 입학 전 준비사항, 생활 지도, 친구 관계, 학습 지도, 학교행사 및 지원제도, 기타 궁금증으로 나누어, 10여 년 동안 교직에 있으면서 실제로 학부모가 가장 궁금해하는 질문들을 90가지로 엄선했다. 이 책을 통해 모든 학부모의 친절한 담임 선생님 같은 안쌤에게 무엇이든 질문하고 해답을 얻을 수 있을 것이다.

엄마와 함께하는 독서가 아이의 미래를 바꾼다

매일 20분 엄마와 함께하는 책 읽기의 힘

이미은 지음 | 값 16,000원

많은 자녀교육서에서 독서교육의 중요성을 강조하고 있지만 부모들은 막막한 점이 있다. 어떤 책을 어떻게 읽으면 좋을지 모르기 때문이다. 독서교육 전문가인 저자는 이런 어려움에 대한 해답이 '질문 던지기'에 있다고 한다. 이 책은 유치부부터 중학생까지의 아이들과 함께할 수 있는 질문독서 방법을 담고 있다. 이 책을 통해 아이에게 책 읽기가 재미있는 활동이라는 인식을 심어주고 아이는 물론, 엄마 아빠도 함께 성장해보자.

우리 아이를 위한 이해와 공감의 기술

공감했더니 아이의 태도가 달라졌어요

곽윤정 지음 | 값 14,000원

아이에게 문제가 생기면 일단 죄책감부터 느끼는 엄마들을 위한 책이다. 저자는 자녀를 키우는 부모의 입장에서 조금씩 앞으로 나아가고자 하는 마음으로 이 책을 썼다. 우리 아이들을 남과 비교하거나 주관적인 시선으로 평가하는 것이 아니라 그저 우리 아이로서 이해할 수 있는 과학적인 근거가 필요하다. 그러한 근거를 통해서 자녀를 진정으로 공감하고 바라보면서 이 책을 읽는 부모들에게도 작은 위로가 되기를 바란다.

평생 행복을 이끄는 공감 육아의 기적

초등 공감 수업

윤옥희 지음 | 값 15,000원

요즘 초등학생들은 학업 스케줄이 워낙 많아 자기 마음을 들여다볼 시간이 부족하고 친구 마음도 살필 여유가 없다. 아이의 낮은 공감능력을 키워주고 싶다면, 이 책을 통해 부모가 먼저 아이를 공감하는 법을 익혀보자. 부모가 아이를 공감할수록, 아이에게는 평생 행복할 수 있는 힘이 생긴다. 앞으로 더더욱 중요해질 역량은 단연 '공감능력'이다. 공감능력은 인간만의 고유한 능력인 만큼 기술이 침범할 수 없는 '황금 스펙'이다.

사회성이 아이의 미래를 결정한다

초등 사회성 수업

이향숙 · 김경은 · 서보라 공저 | 값 15,000원

초등학교 때부터 사회성을 갖춘 아이가 자존감이 높고 예의 바르고 배려할 줄 아는 사람으로 성장한다. 이 책은 사회성에 대해 20여 년간 상담하고 관련 프로그램을 개발해 문제를 해결해온 저자의 오랜 경험과 노하우를 담고 있다. 부모들이 아이를 이해하고 부모 스스로 해결책을 찾을 수 있는 길을 제시하며, 동영상 QR코드를 넣어 아이와의 실제 활동을 어떻게 해야 할지 쉽게 이해할 수 있게 한 것도 큰 장점이다.

좋은 엄마이기를 포기하면 달라지는 것들

나는 적당히 부족한 엄마로 살기로 했다

송미선 지음 | 값 15,000원

전문가들과 각종 매체가 보통 사람으로서는 도저히 할 수 없는 것들을 엄마들에게 요구하는 시대에 부모가 자녀를 위해 전지전능한 존재가 될 수는 없으며, 엄마의 부족함이 흠이 아님을 전하는 책이다. 이상적인 부모의 모습을 강조함으로써 압박을 느끼게 만드는 수많은 자녀교육서들과는 달리, 아이 곁에서 버티며 애쓰는 많은 부모들을 따뜻하게 위로하고 있다.

기적 같은 변화를 불러오는 부모의 소통법

부모의 말 한마디 행동 하나가 아이를 바꾼다

남동우 지음 | 값 15,000원

가족 상담 전문가인 저자는 사랑하는 자녀가 행복하게 성장하도록 부모의 사랑이 자녀의 행복으로 이어지는 효과적인 소통 노하우를 소개하고 있다. 자녀가 행복하게 성장하기 위해서는 부모와의 긍정적인 소통이 필수이기에 부모는 말 한마디, 행동 하나에도 신경 써야 한다. 이 책을 통해 부모가 효과적으로 아이와 소통하는 데 필요한 지식과 노하우를 배울 수 있을 것이다.

아이의 행복을 위한 엄마의 말하기 수업

엄마가 말투를 바꾸면 아이는 행복해집니다

박미진 지음 | 값 15,000원

이 책은 논리적인 실험과 통계를 근거로 엄마가 아이에게 어떤 식으로 말을 바꿔야 하는지를 잘 보여준다. 또한 아이에게 어떻게 말해야 진심을 제대로 전할 수 있을지 심리학적으로 접근하고 있다. 이 책을 통해 아이와 교감을 나누며 대화하는 방법을 배워보자. 아이와 친밀도가 높아지고, 아이의 자율성, 자기긍정, 자존감, 회복탄력성이 높아지는 것을 느낄 수 있을 것이다. 공부력이 쑥쑥 커지는 기적도 마주하게 될 것이다.

하브루타 질문 육아의 힘

내 아이의 진짜 속마음 알기

이미은 지음 | 값 15,000원

자녀교육에 질문이 중요하다는 사실은 알고 있지만 구체적으로 어떻게 해야 할지 모르는 부모들이 많다. 이 책은 하브루타 육아법을 통해 내 아이가 스스로 물음표를 갖게 하는 구체적인 방법을 알려준다. 아이들의 질문이 드러나는 방식, 부모와 아이의 대화가 이루어지는 방식에 대해 저자와 아이들이 다양한 책을 가지고 함께한 경험을 전한다. 아이와 질문과 대화를 통해 행복하게 성장하고 싶다면 이 책이 도움을 줄 것이다.

나를 힘들게 하는 좋은 엄마 콤플렉스

하마터면 완벽한 엄마가 되려고 노력할 뻔했다

윤옥희 지음 | 값 15,000원

'완벽한 엄마' '좋은 엄마'가 되기 위해 애쓰다 지쳐버린 엄마들에게 육아에서 힘 빼는 법을 알려주는 책이다. '엄마가 행복해야 아이도 행복하다'를 모토로 완벽한 엄마이기를 포기하고 지금 당장 엄마의 행복연습을 시작할 것을 권한다. 아이와 조금 멀어질수록 더 가까워지는 거리두기의 미학을 역설하며 엄마가 행복해질 수 있는 7가지 방법을 제시한다.

■ 독자 여러분의 소중한 원고를 기다립니다

초록북스는 독자 여러분의 소중한 원고를 기다리고 있습니다. 집필을 끝냈거나 집필중인 원고가 있으신 분은 khg0109@hanmail.net으로 원고의 간단한 기획의도와 개요, 연락처 등과 함께 보내주시면 최대한 빨리 검토한 후에 연락드리겠습니다. 머뭇거리지 마시고 언제라도 초록북스의 문을 두드리시면 반갑게 맞이하겠습니다.

■ 메이트북스 SNS는 보물창고입니다

메이트북스 홈페이지 www.matebooks.co.kr

책에 대한 칼럼 및 신간정보, 베스트셀러 및 스테디셀러 정보뿐만 아니라 저자의 인터뷰 및 책 소개 동영상을 보실 수 있습니다.

메이트북스 유튜브 bit.ly/2qXrcUb

활발하게 업로드되는 저자의 인터뷰, 책 소개 동영상을 통해 책에서는 접할 수 없었던 입체적인 정보들을 경험하실 수 있습니다.

초록북스 블로그 blog.naver.com/chorokbooks

화제의 책, 화제의 동영상 등 독자 여러분을 위해 다양한 콘텐츠를 매일 올리고 있습니다.

메이트북스 네이버 포스트 post.naver.com/1n1media

도서 내용을 재구성해 만든 블로그형, 카드뉴스형 포스트를 통해 유익하고 통찰력 있는 정보들을 경험하실 수 있습니다.

STEP 1. 네이버 검색창 옆의 카메라 모양 아이콘을 누르세요. STEP 2. 스마트렌즈를 통해 각 QR코드를 스캔하시면 됩니다. STEP 3. 팝업창을 누르시면 메이트북스의 SNS가 나옵니다.